¡Despertad Hijos!

Volumen 5

¡DESPERTAD, HIJOS!

Volumen 5

Diálogos con Sri Mata Amritanandamayi

Mata Amritanandamayi Center, San Ramon
California, Estados Unidos

¡Despertad Hijos! — Volumen 5
Adaptación de Swami Amritaswarupananda

Publicado por:
    Mata Amritanandamayi Center
    P.O. Box 613
    San Ramon, CA 94583
    Estados Unidos

———————— *Awaken Children 5 (Spanish)* ————————

Primera edición por MA Center: septiembre de 2016

En España: www.amma-spain.org

En la India:
    inform@amritapuri.org
    www.amritapuri.org

Este libro se ofrece humildemente a
los pies de loto de
Sri Mata Amritanandamayi
la inmanente luz que brilla
en el corazón de todos los seres.

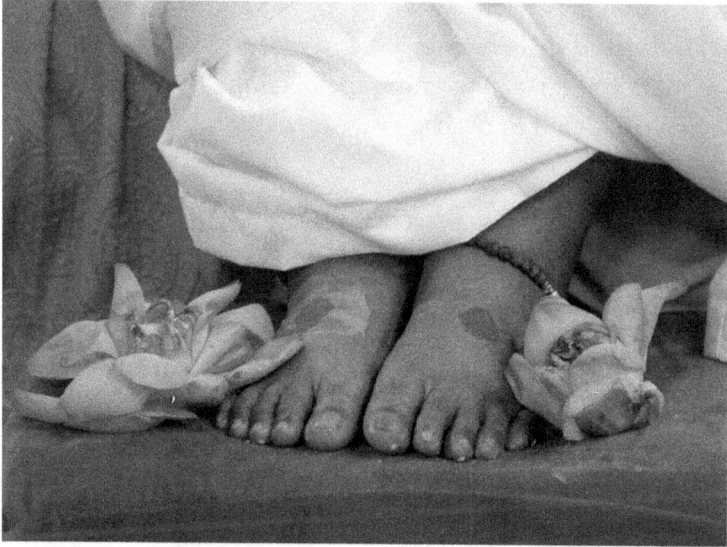

Shoshanam pâpapankasya dîpanan jñânatejasâm
Guru pâdôdakam samyak, samsârârnava târakam

El agua bendita que ha lavado los pies del Gurú, elimina los
pecados, enciende la Lámpara del Conocimiento y nos ayuda a
cruzar el océano de la transmigración.

Ajñâna mulaharanam janmakarma nivâranam
Jñâna vairâgya siddhyartham gurupâdôdakam pibet

Destruye la ignorancia del Ser, pone fin al renacimiento y a las
acciones que son su causa. Debería beberse el agua bendita de
los Pies del Gurú para obtener la Iluminación y el Desapasionamiento.

Contenido

Introducción

AUM vâng me manasi pratisthitâ
manô me vâchi pratisthitam
Âvirâvirma edhi

¡Om! que mis palabras queden enraizadas en mi mente,
Que mi mente enraíce con mis palabras
¡*Brahman*, revélate a mi!

Así oran los *Rishis* de los *Upanishads* antes de comenzar a hablar sobre la Verdad Suprema. Esa podría ser la oración de todas las Grandes Almas. Establecidas siempre en el Supremo Estado de plenitud, no sienten deseos de hablar, saben que la palabra distorsiona la Verdad, de ahí que prefieran permanecer siempre en silencio.

El sabio habla solo movido por compasión hacia aquellos que buscan a Dios y hacia los que andan perdidos en la oscuridad. Él sabe que va a intentar lo imposible Por eso ora así. «Oh Auto-Iluminado Brahman, voy a intentar plasmar en palabras mi experiencia de la Verdad. Es algo tan vasto que las palabras no pueden expresar mi experiencia de la Verdad Infinita, aún así, voy a intentarlo. Pero cuando hable, permíteme expresar y comunicar la Verdad, el mensaje esencial, a través de mis palabras. Permite que no distorsione la Verdad.»

Si... Nuestro amado *gurú* y Dios, Amma - Mata Amritanandamayi Devi - puede también haber pensado eso mismo antes de hablar. Amma dice: «Uno no puede hablar cuando descansa en el propio Ser. Es por eso que al Señor Dakshinamurti, el primer *gurú*, se le representa siempre permaneciendo en silencio». Pero, la compasión de Amma por sus hijos está más allá de toda comparación. Desde ese Estado de Perfección, del que no existe retorno, y donde la mente y la palabra no pueden ni siquiera comenzar a alcanzar, Amma desciende hasta nuestro nivel de comprensión para poder así compartir con sus hijos su experiencia de la Verdad. Así como el celestial Ganges desciende desde las cumbres de los Himalayas, bañando y purificando a todo aquél que entra en sus aguas, Amma, con los brazos extendidos, espera pacientemente a que sus hijos se precipiten en ellos y vislumbren esa Suprema Existencia. Una vez hayamos caído en ese cálido y tierno abrazo, Ella nos ayudará a elevarnos lentamente a las inimaginables alturas de la bienaventuranza espiritual.

Sentados en las protectoras alas del universal amor y compasión de Amma, podemos escuchar el néctar de sus sabias palabras que llevan a la reflexión. Cada palabra, cada mirada y cada pensamiento es una profunda experiencia que necesita ser meditada para comprender su profundo significado. Si somos capaces de leer este libro, cada una de sus palabras, en ese estado meditativo, permanecerá en nuestros corazones como una siempre fresca y noble experiencia. Intentémoslo sinceramente y veamos lo que ocurre.

En Kerala el monzón estaba en todo su apogeo. Las fuertes lluvias anegaban el intrincado sistema de canales haciéndolos desbordar en ocasiones. Las gigantescas olas del mar Arábigo batían contra la estrecha franja de tierra situada en la costa sur occidental de India. En esta isla nació Amma y en la propiedad familiar se edificó su *ashram* en 1981, a medida que discípulos y devotos encontraban su camino hacia este paraíso espiritual. Vivir con un *mahatma* como Amma es vivir en la conciencia, vivir en el amor. Cada momento junto a Ella libera multitud de fragantes recuerdos, creando una cadena de inolvidables eventos y entrañables recuerdos que recoger amorosamente en la silenciosa y secreta cámara de nuestro corazón. Sin duda esta cadena de divinos recuerdos creará en su momento incesantes e interminables olas de amor, será la energía con la que superar el declive al que nos empuja este mundo. Estar con Ella es abrir el libro del divino conocimiento y la sabiduría. Este libro, sin embargo, no debe ser leído con la mente o el intelecto, sino en el silencio del propio corazón.

—Swami Amritaswarupananda

Capítulo 1

Lunes, 2 de julio de 1984

Hacia las ocho de la mañana, la lluvia nocturna había amainado un poco, pero oscuros nubarrones flotaban aún en el cielo. Los campos del *ashram* estaban anegados por la tormenta de primera hora de la mañana. Solo el estruendoso rugir del océano rompía la tranquilidad y quietud del *ashram*.

El *Devi Bhava* de la noche anterior no había estado tan concurrido como de costumbre a causa de la lluvia y se había terminado a la una de la madrugada en lugar de a las cuatro o a las cinco como era habitual. Un hombre que había venido al *Devi Bhava* estaba sentado en la veranda del templo. A su lado había una pequeña caja de madera que tenía aspecto de jaula. Uno de los residentes se acerco a él y le preguntó si podía ayudarle en algo. El devoto, un musulmán, respondió que le gustaría ver a Amma, a pesar de que había recibido su *darshan* la noche anterior. Mientras caminaban juntos, el hombre explicó al residente que era de Chertalla, un pueblo situado a unos 60 kilómetros de distancia. Se dedicaba al negocio de los perfumes y se ganaba la vida vendiendo los que él mismo preparaba. La semana anterior, había ido a vender sus perfumes a Karunaggapally, una aldea situada muy cerca del *ashram*. Allí oyó hablar de Amma y ese mismo día fue al *ashram* por primera vez. Como era Domingo, recibió el *darshan* de Amma durante el *Devi Bhava* y regresó a Karunaggapally, donde pasó la noche en una mezquita. En medio de la noche tuvo una experiencia muy poco usual que pasó a relatar al residente.

«Me desperté al oír el ruido que alguien hacía al abrir mi caja de perfumes, esta misma caja que tengo aquí a mi lado. Sobresaltado, me senté de un salto en la cama y quedé asombrado al ver a Amma mirando en mi caja de perfumes. Ella estaba tal como la había visto en el *Devi Bhava*. Viendo mi cara de sorpresa, Ella sonrió y me dijo: 'Hijo, Amma estaba buscando un extracto puro de sándalo. Pero aquí no hay'. Entonces me dirigió una rápida mirada y una encantadora sonrisa y desapareció. Me quedé muy disgustado por no haber podido dar a Amma lo que Ella deseaba. Así que ayer vine con el extracto de sándalo y la rocié con él durante el *Devi Bhava*. Amma pareció muy feliz y yo también me sentí muy dichoso al hacerlo. Ella incluso me dijo durante el *Devi Bhava*: '¡Oh, lo has traído!'. Al hacer este comentario quedó muy claro para mi que Ella sabía lo que había ocurrido aquella noche en la mezquita. Una ola de devoción brotó de mi corazón y mis ojos se llenaron de lágrimas».

Una gran sonrisa iluminaba la cara del inocente vendedor de perfumes, quien continuó: «Sentí que había alcanzado el objetivo de mi vida. Ahora antes de irme, quisiera postrarme a sus Pies. Por eso estoy aquí todavía.»

Justo en aquél momento la Santa Madre apareció en la terraza de su habitación. El devoto musulmán se levantó y se postró frente a Ella con toda humildad, la Madre le dijo: «Oh hijo, ¿todavía estás aquí? ¿Has comido algo?»

Él respondió: «He estado esperando para verte una vez más antes de continuar mi viaje de ventas. Viendo a Amma ya he sido alimentado».

Amma sonrió y dijo, «Hijo, has pronunciado profundas palabras.»

El alborozado hombre dijo. «He dicho la verdad.»

El extracto puro de sándalo nada tiene de especial para un *mahatma*, que está más allá de todos los deseos y establecido en el estado del supremo desapego. No es que el *mahatma* desee poseer un objeto como este. Hace cosas como esta con el objeto de crear una circunstancia para que nosotros nos inspiremos. Estas experiencias instilan también fe y devoción en nuestras mentes.

Sirven de escala para que los devotos asciendan lentamente hacia su objetivo.

Un *brahmachari* se acercó a Amma para decirle que no podría ir a la meditación de la mañana porque tenía importantes cosas que hacer.

«De acuerdo, hijo,» le dijo Amma. «Ve a la sala de meditación y explícales a los demás la razón de tu ausencia, solo después de hacerlo puedes ir y atender tu trabajo. Si te ausentas sin explicación los otros tendrán la tentación de romper la disciplina. Hagas lo que hagas, debes tratar de ser un ejemplo para los demás. Debes servir de inspiración para tus hermanos. Cada acción de un buscador espiritual debe encerrar un mensaje y una lección para los demás. Debe de haber un ideal detrás de cada una de las acciones de un verdadero buscador.»

El *brahmachari* se postró ante Amma y se fue a la sala de meditación. La Madre expresó una vez más su amor y afecto al devoto musulmán y regresó a su habitación.

Trabajar con amor

Eran ya las dos del mediodía cuando Amma se enteró de que nadie había dado de comer a las vacas. Ella sintió mucha pena por esos pobres animales atados a sus pesebres e hizo llamar al *brahmachari* encargado de alimentarlos. En cuanto el *brahmachari* llegó ante la Madre confesó, cabizbajo, que sencillamente había olvidado darles su comida. Con gran asombro Amma exclamó, «¡Qué!, ¿que se te ha olvidado alimentar a esas pobres criaturas que no pueden hablar para decir cuando tienen hambre o sed? ¿Te olvidas tú alguna vez de comer o beber? Nosotros los humanos podemos pedir comida cuando tenemos hambre pero ellos no pueden hacerlo, ¿verdad? Esto es una gran falta cometida contra las leyes naturales. Un buscador espiritual tiene que ser capaz de darse cuenta de lo que los otros sienten, no sólo de lo que sienten las otras personas, sino todas las criaturas. No creas que por no poder expresarse verbalmente, como los seres humanos, no tienen sentimientos como ellos.

Ser capaz de ponerse uno mismo en la posición del otro, ser capaz de ver y sentir como otra persona, es un don precioso para un verdadero buscador espiritual. Comprender que esos animales también tienen sentimientos. Prepararles la comida y la bebida a su hora sabiendo que ellos, como nosotros, tienen hambre y sed, es una *sadhana*. No les des de comer mecánicamente. No lo hagas sólo porque es una tarea que te ha sido encomendada. No tiene que convertirse en una mera rutina. Intenta ver que la vida que late en ti es la misma que late también en las vacas. Intenta sentir su hambre y su sed, entonces el trabajo se convertirá en *sadhana*.»

Después de decir esto, Amma en persona sacó el forraje de un saco del almacén y comenzó a preparar la comida y el agua para los animales. Muy nervioso y avergonzado, el *brahmachari* se acercó a la Madre y le rogó que dejase que él diese de comer a las vacas. Amma se volvió hacia él y le dijo: «Ahora no digas nada, Madre quiere hacer esto con amor. Vamos a hacer que estos animales sientan amor en su comida.»

El *brahmachari* permaneció al lado de la Madre excusándose profusamente y suplicando continuamente que le dejase alimentar a las vacas, pero Amma realizó todo el trabajo sin prestarle ninguna atención. En cuando las hubo alimentado, Amma acarició y frotó con gran cariño y compasión la cara y la frente de cada animal. Ellos mostraban su gratitud restregando su cabeza contra los hombros de la Madre. Había una sonrisa de contentamiento en el rostro de la Madre. Cuando las vacas terminaron de comer la mezcla de agua y forraje, la Santa Madre fue hasta el montón de heno más cercano, sacó un poco y se lo ofreció a las vacas. Después de acariciar y frotar una vez más a los animales, Amma regresó al *ashram*. Sólo después de haber alimentado a las vacas comió Ella ese día. Eran casi las 4.30p.m. cuando lo hizo.

Siempre hay un especial encanto y belleza en todo lo que Amma hace a causa de la enorme cantidad de amor que Ella pone en todo. Nosotros no sabemos cómo amar. No hay amor en nuestras acciones, y por eso, no hay belleza en lo que hacemos. Estamos continuamente anticipando el fruto de nuestras acciones y el resultado es la agitación de la mente y la falta de concentración. Una mente aguda y una actitud generosa son muy importantes para impregnar el trabajo de amor. Si no se dan estas condiciones, el amor no es posible.

Corazón e intelecto

Hacia las cinco de la tarde, un pequeño grupo de personas se reunió en la galería frente a la sala de meditación. En el centro del grupo se encontraba la Madre, rodeada de los *brahmachari* y personas de familia residentes en el *ashram*, inmersos todos en el estado de dicha de cantar el Divino Nombre. Amma cantaba la estrofa y el grupo respondía

Kamesha vamakshi

¡Yo te saludo Shakti, energía divina,
Gran diosa a la que se accede a través de la devoción!
¡Yo te saludo a ti que eres la semilla, la sola Verdad,
La infinita y perfecta conciencia!
¡Protégenos!

¡Oh Tú que eres el ojo izquierdo del Señor Shiva!,
¡Tú que concedes todos los deseos!,
¡Tú que brillas a través de todas las cosas animadas e inanimadas!,
¡Oh mi Kamala, soberana del universo!

17

¡Tú, Diosa de los seres celestes!,
protégelos de todo dolor.
¡Tú, la Una pura!,
protege incluso al Señor del océano de leche (Vishnu)
El Creador realiza su trabajo gracias a tu mirada.
Yo te saludo a ti que procedes de Brahma (el Creador)
como Saraswati, germen de todo el universo.

Tras la canción, una meditativa atmósfera permaneció durante un rato. Cuando la Madre miró hacia sus hijos con una invitadora sonrisa, uno de los *brahmachari* preguntó, «Amma, esta tarde, mientras estabas dando de comer a las vacas, he oído que le decías al *brahmachari* que no hablase, que querías hacer el trabajo con amor para que los animales pudiesen sentirlo. No he comprendido bien el verdadero significado de lo que decías, pero sospecho que debe de haber una relación entre el amor y la palabra. ¿Podrías explicarlo, por favor?».

Amma replicó, «Hijo, no estás equivocado, pero la verdadera relación no es entre el amor y la palabra sino entre el amor y el silencio. Cuando hay verdadero amor, hay silencio. No puede haber palabras. Sólo hay quietud. Para que las aguas de un lago reflejen el paisaje en el que está integrado, no debe de haber olas en su superficie, ni siquiera las pequeñas ondulaciones que produce el viento; Igualmente, cuando se experimenta el verdadero amor, tampoco puede haberlas. Las olas y las pequeñas ondulaciones son una distorsión, una distracción, una perturbación en el lago de la mente. El amor surge de la quietud de la mente. En esta quietud se puede experimentar el silencio. El parloteo de la mente cesa completamente. El verdadero amor es experimentado en ese silencio. Silencio, sólo silencio es el lenguaje del puro amor».

«El amor real existe en el corazón. No es posible hablar de este amor. No puede ser expresado en palabras. El corazón no es lugar para las palabras. Las palabras están en el intelecto. El intelecto puede expresarse verbalmente pero no es más que un cassette. Registra y repite palabras, palabras y más palabras. Palabras que no encierran en sí mismas ningún sentimiento. El intelecto no puede sentir compasión, no puede sentir amor ni bondad. Sólo puede razonar. Puede incluso intentar producir amor y compasión por medio del razonamiento. Hijo, donde se habla demasiado, no hay amor. Aquél que ama realmente está constantemente en actitud meditativa. Los pensamientos dejan de existir en presencia de un amor así. El verdadero amante sólo medita, no piensa nunca. Todos sus pensamientos están centrados en su amado así que en su mente no hay muchas olas ni ondulaciones. Sólo un pensamiento persiste y este único pensamiento es para su amado. Cuando sólo existe un pensamiento ya no hay mente. La mente del amante, con un solo objetivo y constantemente enfocada en el amado, toca el santuario más hondo de su corazón, allí donde las palabras no pueden llegar. Cesan todas las explicaciones. Ya no es posible elucubrar. El amante es atraído a un constante estado de meditación. En ese punto los dos se hacen uno.

«En el amor real, la meditación predomina. Te vuelves silencioso y permaneces descansando en el propio Ser Real. Uno no puede hablar cuando descansa en el propio Ser. Por esto el Señor Dakshinamurti, el primer *gurú*, siempre permanecía en silencio. Dicen que el Señor Dakshinamurti enseñaba a sus discípulos a través del silencio. Él no hablaba ni sus discípulos lo hacían tampoco. Pero el Señor enseñaba y los discípulos le comprendían.

Pero ahora nadie entendería el silencio de un verdadero amante o meditador. Le considerarían extraño o le llamarían loco, porque el silencio de la meditación es algo desconocido para ellos. Sólo conocen las palabras, y lo que ellos llaman amor no puede existir sin las palabras. Creen que es imposible expresar amor sin palabras. Por eso, en esta experiencia de unidad con el amado, no se habla. Uno se hace silencioso y calmado. Es el estado que se conoce bajo el nombre de *samadhi*, un estado en el que se permanece en constante meditación.»

Amma permaneció en silencio unos momentos y después continuó: «Hay una historia sobre el Señor Shiva y Parvati, su divina consorte, que ilustra muy bien a que nos referimos con «el silencio de la unidad con el amado». Así es como comenzó a relatar la siguiente historia mientras los devotos escuchaban atentamente.

«Un día, el Señor Shiva y Parvati estaban conversando. Shiva, que estaba continuamente establecido en el estado de *samadhi*, vagabundeaba a menudo por ahí dejando a Parvati sola en el monte Kailash. Llegó un momento en que Parvati ya no pudo soportar por más tiempo el dolor de la separación y entonces le pidió a su esposo que le enseñase como entrar, también ella, en estado de *samadhi*. Así, podría permanecer ya para siempre en Unidad con su Señor. El Señor aceptó y le enseñó a sentarse en la postura del loto. Le dijo que cerrase los ojos y meditase fijando su mirada en el interior. Cuando Parvati estaba meditando, Shiva le preguntó: '¿Qué ves?'

'Estoy visualizando tu Forma externa en mi ojo interno', respondió Parvati.

Shiva siguió instruyéndola diciendo: 'Transciende esa forma. ¿Qué es lo que ves ahora?'

'Contemplo una brillante luz'.

'Ahora, ve más allá de la luz. ¿Qué es lo que hay?'

'El sonido Om. Eso es lo que estoy oyendo.'

'Ves más allá del sonido. ¿Qué experimentas ahora?'

«No hubo respuesta a esta última pregunta. La individualidad de Parvati se disolvió y desapareció. Se hizo una con su Señor. En este estado no había nadie que hablase ni nadie que escuchase. Alcanzó el estado final de amor, la unión eterna e inseparable con su Amado, aquél estado al que la mente con sus palabras y su pensamiento intelectual no puede llegar.»

Al llegar al final de la historia Amma hizo una pausa. Después continuó. «El hecho de que la historia ocurriese realmente o no, no es lo importante, intentad captar su esencia. Una persona que sólo piensa intelectualmente no puede comprender lo que el corazón siente. No puede comprender el significado de la meditación y del amor. Lo único que sabe es hablar. ¿Cuál es la utilidad de un intelecto así?»

La Madre hizo una pausa y el *brahmachari* dijo inmediatamente. «Pero, la misma existencia de la vida debe mucho al intelecto humano. ¡Qué hay sino de todos los inventos científicos y todo el desarrollo de la edad moderna! Todo ha sido posible gracias al intelecto humano. Amma, ¿estás diciendo que el intelecto no sirve para nada?»

«Hijo, intenta comprender bien» La Madre explicó: «Trata de estar bien atento cuando escuchas a la Madre. Acuérdate de utilizar el corazón en lugar del intelecto.

«Hijos, la Madre no dice que el intelecto no sirva. Se necesita; es absolutamente necesario. Pero tiene su lugar, su propio lugar. Ponedlo allí donde pertenece. No lo uséis inapropiadamente. Es peligroso poner un énfasis desproporcionado en el intelecto. Ello despojará a la vida de su belleza. Demasiado intelecto y poco corazón causará conflicto, desengaño y frustración. Debe de haber un equilibrio. Equilibrio entre corazón e intelecto. Si penetramos profundamente en todos los aspectos y áreas de la vida, nos encontraremos con que el amor está escondido detrás de todo. Descubriremos que el amor es la fuerza, el poder y la inspiración que hay detrás de cada palabra y de cada acción. Y ello se aplica a todo el mundo, indistintamente de su casta, credo, secta, religión o lo que haga la gente.

«A un observador puede parecerle que un científico haciendo experimentos en un laboratorio está realizando un trabajo puramente intelectual. La mayoría de la gente diría que ese trabajo requiere del cerebro y que por ello se trata de un trabajo intelectual y no de algo que tenga que ver con el corazón. Pero observad cuidadosamente el proceso. Lo que descubriremos si lo hacemos es que hay amor en su trabajo, que su corazón está involucrado en el trabajo. De hecho, si puedes ver de verdad, comprenderás que sin amor no se puede realizar este tipo de trabajo. En realidad, cuanto más lo observas, más cuenta te das de que el amor es realmente la fuerza que está detrás de todo experimento e invento científico, detrás de todo trabajo.

«El amor da agudeza al intelecto. Cuanto más amor tengas, mayor agudeza y claridad tendrás. Podrás decir que es un intelecto afilado o sutil, pero en realidad el amor es lo que está trabajando tras esta agudeza o sutileza. La cuestión es comprender esto. Unos lo comprenden; otros no.»

El *brahmachari* escuchaba atentamente, pero pidió una nueva aclaración: «Amma, lo comprendo pero no del todo. Por favor, ten la amabilidad de explicar un poco más.»

Amma continuó, «Hijo, ningún trabajo puede ser realizado sin concentración. Sea un trabajo mental o físico, fácil o difícil, emocionante o rutinario, requerirá concentración. Ahora bien, ¿qué es la concentración? La concentración no es otra cosa más que el sosiego de la mente. La concentración cesa el flujo de pensamientos. Cuando los pensamientos se detienen, la inquieta mente cesa su actividad y es posible el sosiego. Este sosiego de la mente aparece sólo como resultado del amor. Para un científico, el amor por inventar y experimentar es lo que le lleva a sumergirse profundamente en su trabajo. Le encanta trabajar duro. Los términos usados habitualmente en relación a esto son «interés» o «sinceridad» o «deseo intenso». Estos términos son sinónimos de amor. Sin amor no hay interés, ni sinceridad, ni intenso deseo. ¿No es verdad?»

«Amma, en este caso, ¿por qué esa diferenciación entre corazón e intelecto? Son prácticamente la misma cosa, ¿no es así?»

«En el último sentido no hay diferencia en absoluto. Pero en vuestro actual estado mental, existe una diferencia que vosotros mismos imponéis debido a vuestra ignorancia. Todavía no habéis alcanzado el Supremo Estado de Unidad. Estáis todavía en el mundo de la dualidad. Estáis todavía en el mundo de las palabras y las frases - el mundo de la diferenciación- de ahí, esta explicación. Una vez superadas las limitaciones, entonces ya sólo el amor existe, sólo el Amor Divino. De hecho, todas estas explicaciones y diferentes términos son sólo para haceros comprender que sólo la experiencia puede revelar la Verdad, y que las palabras y las explicaciones no ayudan demasiado.

«Cuando el pensar y el razonar predominan en una persona, la llamamos intelectual. Y cuando lo hacen el corazón y la compasión la llamamos amorosa. Ambos son necesarios, el corazón y el intelecto. De hecho, cuanto más involucrado está el intelecto, lo que más necesitamos es, no sólo el pensamiento sino un pensamiento discriminativo, o un intelecto discriminativo. Tenemos que ser capaces de pensar apropiadamente y discriminar entre el bien y el mal, y necesitamos también de un buen corazón capaz de sentir y expresar amor. El corazón y el intelecto son necesarios tanto para el *sadhak* como para la persona que lleva una vida ordinaria. Normalmente, el equilibrio entre el corazón y el intelecto es difícil de encontrar.

«Hijos, el amor es nuestra naturaleza real. Somos de la naturaleza del Amor Divino. Ese amor resplandece en todos y cada uno de nosotros. Dado que el amor es nuestra innata naturaleza, ninguna manifestación de ninguna índole puede darse, sin que este poder del amor esté tras ella.

«Ciertamente el científico que es creativo y que experimenta, tiene el amor en sí. Pero ese amor está limitado por un estrecho canal. Se refiere sólo al campo científico en el cual trabaja. No abraza a toda la creación. Está más o menos ligado al laboratorio en el que se sienta o al equipo que usa. No piensa en la vida real. Está más interesado en averiguar si existe vida en la Luna o en Marte. Está más interesado en inventar armamentos nucleares.

«Un científico puede pretender que está intentando encontrar la verdad del mundo empírico a través de una aproximación analítica. Disecciona cosas para analizar su funcionamiento. Si le dan un gatito, está más interesado en utilizarlo para la investigación que en amarlo como a un animal de compañía. Estudiará su respiración, su pulso, su presión sanguínea. En nombre de la ciencia y de la búsqueda de la verdad, lo diseccionará y examinará sus órganos. Una vez abierto en canal, ya está muerto, la vida desaparece y con ella toda posibilidad de amor. Sólo si hay vida puede haber amor. En su búsqueda de la verdad de la vida, el científico destruye, sin saberlo, a la vida misma. ¡Extraño!

«La vida es amor. Ver y sentir la vida en todo, es amor. La vida no está en la Luna o en el Sol. Por el contrario, la Luna es vida; el Sol es vida. La vida está aquí. La vida está allí. La vida está en todas partes. No hay nada más que la vida. Y lo mismo el amor. Donde hay vida, hay amor y viceversa. La vida y el amor no son dos cosas, son una sola. Pero la ignorancia de su unidad prevalecerá mientras no llegue la Realización. Hasta que la Realización no llegue la diferencia entre intelecto y corazón continuará existiendo.»

Se hizo un profundo silencio. Todas las miradas estaban fijas en el rostro de la Madre que estaba exponiendo una profunda verdad con la mayor de las simplicidades. Todos permanecieron hechizados en sus lugares hasta que el silencio fue roto por el néctar de las palabras de Amma que continuó diciendo:

«Un científico está más interesado por el exterior que por el interior. Está más interesado por las partes que por el todo. Está tan absorto en el mundo que percibe, que no presta ninguna atención al universo interno. Tiene muchas ideas geniales. Está dotado de una aguda inteligencia, pero su amor se limita sólo al mundo científico. No lo engloba todo. La Madre quisiera decir que un verdadero científico debería ser un verdadero amante, un amante de la humanidad, un amante de toda la creación y un amante de la vida.

«Un *rishi* es un verdadero amante porque se ha sumergido en su verdadero Ser, el auténtico centro de la vida y del amor. Siente la vida y el amor en todas partes - arriba, abajo, delante y detrás - en todas las direcciones. Incluso en el infierno, incluso en el mundo inferior, no ve otra cosa más que vida y amor. Para él no hay nada más que la vida y el amor brillando gloriosa y esplendorosamente en todas direcciones. Por eso, la Madre dice que él es «el verdadero científico». El *rishi* experimenta en el laboratorio interno de su propio ser. No crea divisiones en la vida. Para él la vida es una unidad, y permanece siempre en este indiviso estado de amor y vida.

«El verdadero científico, el sabio, abraza amorosamente la vida y se hace uno con ella. Nunca trata de luchar con la vida. Mientras el científico se esfuerza por luchar y conquistar la vida, el sabio simplemente se entrega a la vida y deja que ella le lleve a donde deba ir».

Al terminar la última frase, Amma entró en estado de *samadhi*, sus ojos estaban completamente abiertos pero inmóviles. Su cuerpo estaba tan quieto que ni siquiera se apreciaba el movimiento de su respiración. Amma permaneció en este estado durante algún tiempo. Mientras Amma estaba absorta en *samadhi*, uno de los *brahmachari* cantó una canción:

Anupama gunanilaye

¡Oh madre!, ¡Oh diosa!, morada de cualidades únicas
Tú eres el sostén de aquellos que buscan refugio.
¡Oh Tú! que eres modesta gracias a tu sabiduría,
y dulce gracias al amor,
Dame un ápice de tu compasión.

Aunque yo no te lo diga,
¿acaso no sabes que yo no tengo sabiduría para conocer nada?
Muéstrame tus divinos pies y bendíceme
Pues me hundo sin remedio en el océano del dolor.

La quietud de la mente

Cuando la Madre regresó al estado de conciencia normal, el mismo *brahmachari* formuló otra pregunta, «Amma, dices que la concentración aquieta la mente. He oído decir que la investigación y experimentación científica requiere una enorme cantidad de concentración. Si así es, los científicos que permanecen durante horas y horas en sus laboratorios, a veces incluso días, deberían experimentar esa quietud mental, ¿no es verdad? Esta quietud y la quietud de la que Tú hablas, ¿son la misma? Y si no lo son, ¿cuál es la diferencia?»

Amma respondió: «Esta es una pregunta muy interesante. Hijo, aunque en ambos casos puedan experimentar quietud mental, existe una gran diferencia en sus experiencias. Un científico puede experimentar un cierto tipo de quietud cuando se concentra en un particular experimento, o cuando se encuentra en proceso de inventar algo. Pero cuando sale de su laboratorio vuelve a ser el mismo hombre que era antes. Aunque sea un científico, también él tiene *vasanas*. Controlado por sus antiguos hábitos y *vasanas* se verá forzado a actuar de acuerdo a su mente y deseos. Él no puede permanecer por mucho tiempo en ese estado de «sin pensamientos». El científico no puede hacer que esa experiencia de quietud se prolongue durante mucho tiempo. Simplemente comienza cuando él entra en el laboratorio y termina cuando sale. Es cierto que cuando una persona tiene la capacidad de concentrarse en un solo objetivo consigue una cierta quietud mental. Puede ocurrirle incluso a un hombre de la calle en ciertas ocasiones. La Madre está de acuerdo en que la concentración es más intensa en el caso del científico que en el del hombre normal. La mente del científico es más sutil que la del hombre normal. La quietud mental conseguida por la concentración del científico es un don especial, pero esta clase de quietud no dura mucho. Va y viene. Se da cuando el científico se encuentra inmerso de lleno en la comprobación de tubos y máquinas, no en su vida real. En su vida real puede ser un desastre total.

«Hijos, la quietud mental en un *rishi* resulta del total vaciado de la mente. Sea cual sea la circunstancia en la que se encuentre, la mente del *rishi* está siempre en calma, sin tener en cuenta la hora ni el lugar. Va más allá de la mente elemental y alcanza el estado de «no-mente» El ego muere en él y por ello no tiene ego, está completamente libre de la garra de los deseos. Por otro lado, el científico carga todavía con el peso del ego y tiene aún muchos deseos. Vaciando la mente completamente, el *rishi* se ha liberado del peso del ego. Es completamente libre porque ningún lastre le arrastra hacia abajo. Es como un espejo, puro y claro como el cristal, sin imágenes de su propiedad. Si uno ve allí alguna imagen, se tratará solo de reflejos y los reflejos no pertenecen al espejo. El espejo simplemente refleja. Nada le pertenece y deja de pertenecerle.

«La clase de quietud mental de la que habláis, ocurre a veces al poeta cuando escribe poemas o cuando se pierde en un pensamiento acerca de un tema mientras contempla la naturaleza tejiendo sus propias fantasías. La quietud puede aparecer en un granjero mientras fantasea acerca de su cosecha y de lo mucho que tendrá que recolectar. Un amante normal que contempla a su amada puede tener también la misma experiencia. Pero estas personas continúan siendo egocéntricas. Se encuentran todavía en el plano mental. Están sobrecargadas. Tienen la cabeza llena de pensamientos, ideas y planes para el futuro. Una vez fuera de su llamémosle quietud mental, que no dura mucho, son otra vez el mismo viejo y pequeño ego de antes.

«Un científico continúa aumentando su ya existente ego. Recoge más y más conocimientos, más y más información, lo cual no hace más que hinchar el ego. En cambio un *rishi* está completamente vacío. Es como un cadáver que tiran al río. Deja que el río le lleve donde quiera. El científico está completamente lleno, lleno de conocimientos acerca del mundo. El *rishi* está lleno internamente, lleno de experiencia de Unidad con el Supremo Absoluto. El científico ve muchos (la visión del científico es plural); el *rishi* ve solo Uno. El científico es solo una parte de la existencia, mientras que el *rishi* es la totalidad de la existencia. Mientras que el científico se carga de hechos e imágenes, el *rishi* se vacía para que de esta forma todo el conocimiento pueda pasar a través suyo pero no pueda afectar a su experiencia de Unidad. Mientras que el científico estrecha y limita su visión, el *rishi* la expande y abarca al universo entero.»

La Madre dejó de hablar y le pidió a los *brahmacharis* que cantasen:

Kodanukoti

Oh Verdad Eterna
La humanidad te ha buscado
durante millones y millones de años...
Renunciando a todo, los antiguos sabios

realizaron interminables años de austeridades
para que, a través de la meditación,
su Ser fluyese a la divina corriente de tu amor

Inaccesible a todo, tu llama infinita
cuyo brillo resplandece como el sol
Permanece inmóvil, sin danzar siquiera,
en medio del más furioso ciclón.

Las flores, las enredaderas,
los templos de sagrados pilares recientemente instalados,
todos ellos te esperan desde hace eones de eones,
pero Tú estás siempre inaccesiblemente distante.

Llorar y rogar a Dios como meditación

Viernes, 6 de julio de 1984

Amma estaba dando *darshan* en la cabaña, uno de los devotos preguntó: «Amma, yo sé muy poco acerca de la espiritualidad. Tengo fe en la Madre y quiero llevar una vida devota y dedicada. ¿Podrías, por favor, darme alguna indicación para ser más espiritual?»

La Madre le respondió así: «Hijo mío, lo primero es abandonar esa idea de querer convertirte en alguien más espiritual. Lo que tienes que hacer es solo rogar a Dios con sinceridad y meditar en Él. No pienses en llegar a ser más espiritual, ese mismo pensamiento puede incluso ser un obstáculo.

«Llora y ruega a Dios, canta sus glorias; no hagas grandes esfuerzos por sentarte en la postura del loto o aguantes la respiración para meditar en su forma. La meditación es el recuerdo de Dios, un constante y amoroso recuerdo. Considéralo como tu amado o considérate su hijo. O considéralo como tu padre o tu madre. Intenta simplemente pensar en Él como pensamos en nuestro padre, nuestra madre o nuestro amado. ¿Cómo recuerda un enamorado a su amada? Ciertamente no lo hace sentándose en la postura del loto. El recuerdo aparece simplemente en él cuando está echado, paseando o sentado junto al río, también puede sucederle en el trabajo. No importa donde esté o lo que haga. De igual forma, recordad la imagen de Dios que améis siempre que podáis, no importa donde estéis o lo que estéis haciendo.

«Contémplalo como a tu creador, protector y morada final a la que regresarás. Intenta sentirlo con el corazón, intenta sentir su presencia, gracia, amor y compasión. Abre tu corazón y ruégale: '¡Oh Señor!, mi creador, mi protector y mi última morada, guíame hacia tu luz y tu amor. Llena mi corazón con tu presencia. Me han dicho que soy tu hijo, pero yo soy totalmente ignorante de mi existencia en Ti. Mi muy amado Señor, yo no sé como adorarte, como agradarte ni como meditar en tu forma. No he estudiado las Escrituras, no sé como cantar tus glorias. ¡Oh Tú el Compasivo, muéstrame el camino correcto para que pueda volver a mi auténtica morada que no es otra sino Tú!'

«Hijos míos, rogad y derramad lágrimas mientras pensáis en El. Esta es la mejor de las *sadhanas*. Ninguna otra *sadhana* os dará la bendición del amor divino de una forma tan efectiva como lo hace el rogar sinceramente. No tenéis que seguir ningún curso académico para amar a Dios. No tenéis que ser estudiantes o filósofos para adorarlo o para llamarlo. Llamadle simplemente, pero dejad que la llamada surja de vuestro corazón. Igual que un niño llora para reclamar su comida o para que su madre le mime o le arrulle, llámale con la misma intensidad e inocencia. Llórale y ruégale; Él se revelará, no puede permanecer silencioso e impasible cuando alguien le llama de esta forma.

«Hijos, el ruego inocente clamando al Señor es la forma más poderosa de agradarle. No hay que ser un erudito para hacerlo. Hasta un hombre sin educación o un salvaje viviendo en los bosques puede obtener la gracia de Dios si tiene la firme determinación de alcanzar el objetivo.

«Hay una historia que ilustra este punto. Uno de los discípulos de Sankaracharya estaba muy orgulloso de su devoción al Señor. La deidad de su devoción era Narasimha, el hombre león, la cuarta encarnación de Vishnu. Con el fin de agradar a su amado Señor y obtener su visión, el devoto se internó en el bosque para realizar severas austeridades. Durante muchos días meditó sentado sobre una roca cercana a la ermita realizando muy seriamente una severa *sadhana*. Un día, sin que el *sadhak* se diese cuenta, un hombre que vivía en el bosque se acercó para mirarle. El hombre le observaba con gran curiosidad pero no podía comprender por qué aquel hombre permanecía sentado en una posición tan incómoda, tan derecho y con las piernas cruzadas. Como el *sadhak* tenía cerrados los ojos, el hombre confundió la postura de meditación con el sueño. Tenía tanta curiosidad y tantas ganas de hablar con el durmiente que cada día iba allí y aguardaba durante largas horas esperando a que el devoto abriese los ojos.

«Por fin, llegó un día en el que el *sadhak* salió de su meditación. El humilde habitante del bosque se le acercó y le dijo: 'Tambra[1], ¿porqué siempre duermes sentado? ¿Porqué no te echas? Viendo la inocencia del lugareño, el devoto sonrió y dijo: '¡Tonto!, no duermo, medito en la forma de mi amada deidad'

«Desde luego el pobre hombre no entendía nada. Había vivido toda su vida en el bosque y no había ido nunca a la escuela. '¿Meditando?, ¿amada deidad?, ¿qué es eso?' exclamó. El devoto le dijo: 'Tú no comprendes estas cosas. Intento llamar y rogar a mi

---

[1] Forma en que una persona de casta inferior se dirige a otra de casta superior. El término significa 'reverenciado maestro'

Señor'. El hombre preguntó de nuevo: '¡Qué!, ¿llamar a alguien sin moverse del sitio? ¿Porque no vas y le buscas?' El devoto no respondió, simplemente sonrió y volvió a su meditación.

«Pasaron los días y la curiosidad del lugareño no le dejaban estar en paz. Incapaz de controlar su curiosidad por saber más de la persona que el devoto estaba buscando, se había vuelto a acercar al *sadhak*. Con gran esperanza preguntó: 'Tambra, ¿quién es ese hombre al que llamas?, ¿puedo ayudarte a buscarle?'. El devoto estaba encantado con la sinceridad del hombre. Como sabía que este no comprendería nada acerca de meditación u otras técnicas de la *sadhana*, el devoto le explicó: 'Mira, la persona a la que llamo no es un ser humano sino un especial tipo de león, un sumamente poderoso hombre-león'. Con esta explicación el hombre quedó satisfecho.

«Los días se hicieron meses y los dos se hicieron buenos amigos. El hombre del bosque estaba preocupado por su tambra, que estaba siempre sentado en meditación, olvidándose de comer y de dormir. Pensó: '¡Qué criatura más desobediente es ese hombre-león! Mirad al tambra, se ha quedado débil y flaco por falta de comida y sueño. Tengo que hacer algo por ayudarle, tengo que dar una lección a esa arrogante criatura que no contesta a las llamadas de mi tambra'. Así que decidió salir en busca del hombre-león, pero antes quiso obtener el permiso de su tambra. El inocente habitante del bosque esperó a que el devoto abriese los ojos, le explicó lo que quería hacer y le pidió su permiso. El devoto se puso a reír de todo corazón. '¡Qué hombre más loco e ignorante¡, ¡cree que mi Señor vive en algún lugar del bosque! Plenamente convencido de que era un disparate, pero pensando que no serviría de nada intentar que comprendiese, el devoto le dio su permiso. Divertido con la locura del hombrecillo, el devoto cerró de nuevo los ojos y se sumergió en la meditación.

El hombre del bosque inició su búsqueda. Fue de cueva en cueva, de mata en mata, por valles y colinas, buscó por todas partes. Ni un lugar de la espesura quedó por revisar, en su búsqueda del 'león de su tambra'. Aun después de haber buscado en todas las cuevas, en todas las matas, en todas las colinas y en todos los valles, no se rindió. Entonces empezó a gritar: 'Tambrante simham, va. va.(¡Oh León de mi Maestro!, ven, ven)'. No tenía conciencia del espacio ni del tiempo, sin sentir el hambre ni la sed se quedó flaco como un esqueleto. Su constante llamada resonaba por todo el bosque: 'Tambrante simham, va, va'. Llenaba la atmósfera, creando una constante y muy poderosa vibración por todas partes.

Los árboles, las montañas, los valles, los matorrales, los pájaros y los animales se quedaban inmóviles cuando gritaba: 'Tambrante simham, va, va'. Sin él saberlo, la búsqueda le había transformado en una intensa pregunta que poco a poco había quemado su primitiva naturaleza y con ella todos sus *vasanas*. La 'materia mental' se disolvió lentamente y todos los pensamientos desaparecieron; eventualmente las llamadas verbales cesaron, se volvió totalmente silencioso. Solo el fuego que todo lo consume del amor ardía en él y esto lo elevó directamente hacia lo alto, transcendiendo la mansión celestial y entrando finalmente en la residencia del mismo Señor Vishnu. Las llamas de la meditación de este supuestamente ignorante habitante de los bosques eran tan poderosas, que Vishnu tuvo que responder. Tomando la forma de Narasimha, el hombre-león, apareció ante el humilde hombre del bosque.

«El hombre arrancó una liana, la enrolló alrededor del cuello del Señor y se lo llevó hacia el tambra, que todavía estaba sentado en la roca con los ojos cerrados, intentando ver la forma de su amada deidad.. El hombre del bosque le llamó y le dijo: '¡Oh Tambra abre los ojos! Aquí está tu hombre-león. Lo he traído para ti.' El devoto despertó tras las repetidas llamadas y no podía creer lo que veía. Se frotó los ojos una y otra vez, miró y volvió a mirar y seguía sin poder creer lo que veía. Su Señor, la magnificente encarnación del Señor Vishnu, estaba allí mismo frente a él. El hombre del bosque sostenía con una mano la liana anudada al cuello del Señor mientras con la otra mano le daba verde hierba para comer.

«Viendo el asombro del tambra, el hombre dijo: 'Tambra, baja. Toma tu león. Está bien, no es peligroso. Ya puedes bajar'. El devoto bajó de la roca como un poseso y se arrojó ante los dos, el Señor y el hombre del bosque, sollozando como un niño implorando su perdón. Esto confundió mucho al hombre del bosque. Entonces el Señor dijo así: 'Levántate querido mío. No te sientas mal. Recuerda que son queridos para mi aquellos que Me recuerdan amorosamente, sintiendo Mi presencia constantemente tanto en el interior como en el exterior. El ego no puede existir allí donde hay verdadero amor. Y allí donde hay verdadero amor yo puedo fácilmente entrar y morar'. Dicho esto, el Señor puso su mano sobre la cabeza del hombre del bosque concediéndole *moksha*, la liberación final. El Señor consoló al devoto diciéndole que también él alcanzaría la liberación en aquella vida. El devoto se volvió auténticamente humilde.

«Este hombre del bosque no había estudiado ninguna Escritura, pero tenía un corazón capaz de sentir y expresar amor. No buscaba para él mismo sino para otro. Esta clase de persona dotada de un corazón tan amoroso y compasivo es más querida por el Señor que una que medita sentada en la postura del loto, contemplando seriamente todos sus conocimientos de las Escrituras, de técnicas de meditación y *japa*.

«Hijos míos, tomad esta historia como inspiración, intentad rogar hasta que vuestro corazón se funda, se deshaga en un río de lágrimas. Se dice que el agua del Ganges purifica todo lo que se sumerge en ella. Las lágrimas derramadas recordando a Dios tienen un tremendo poder de purificación de la propia mente. Esas lágrimas son más poderosas que la meditación. Esas lágrimas son en verdad el Ganges».

La Madre instruye siempre a cada persona de forma distinta. Ella ve claramente el ser de cada uno y le instruye según su calibre mental e inherente disposición espiritual. La Madre aconseja a algunos continuar en el camino que ya estaban siguiendo, pero a otros les instruye para realizar una *sadhana* completamente diferente. En algunos casos la Madre le dice al *sadhak* que siga con la misma *sadhana* pero con ligeros cambios. La mayoría de las personas que acuden a verla son instruidas para seguir el camino de devoción, amor y oración (ruego). A muy pocos se les dice que sigan el camino del *Vedanta*, de la no-dualidad. Según la Madre la mayoría de la gente no está preparada para realizar *Vedanta sadhana*. Tiene la enorme convicción de que la Vedanta *sadhana* será un obstáculo para el crecimiento espiritual, si es practicada por personas inmaduras e incompetentes. La Madre cree que el número de personas que realmente comprende el Vedanta y sus implicaciones es muy pequeño.

Amma dice: «El Vedanta no es algo sobre lo que se puede hablar. Es una forma de vida. Es para vivirlo. Hoy en día en nombre del Vedanta, la gente llena su cabeza de demasiadas cosas y destruye toda la belleza y el encanto de la espiritualidad y del Amor Divino entregándose a una forma de hablar egoísta y a comportamientos egoístas.»

El lector puede encontrar extraño que la Madre pueda instruir a un devoto en el sentido de no animarlo a esforzarse a sentarse en la postura del loto o a aguantar la respiración para meditar en la forma de una deidad. En lugar de ello, les enseña a llorar a Dios y a rogar con inocencia. La Madre dice que mucha gente acude a Ella quejándose de que nunca han tenido una verdadera 'experiencia', aunque llevan practicando una intensa *sadhana* desde hace años. La Madre cree que ello es debido, sobre todo, a la falta de amor e inocencia en su *sadhana*. Para verdaderamente vivir y alcanzar una auténtica experiencia espiritual, uno debe desarrollar las cualidades de amor e inocencia. Amma dice que sea cual sea el camino espiritual que se siga, este debe estar construido sobre la firme base de *prema* (amor supremo). En el caso del devoto que había formulado la pregunta, el camino de la devoción debía ser la *sadhana* que le ayudaría a crecer espiritualmente, pues esto es lo que Amma le aconsejó. Un verdadero Maestro sabe lo que es mejor para sus devotos y sus discípulos.

Eran casi las seis y media de la tarde, Amma se levantó y caminó hacia la veranda del templo. Era hora de comenzar los *bhajans* de la noche. Todos los residentes y los visitantes acudieron y tomaron asiento. Pronto comenzaron los cantos acompañados por la tabla y el harmonium. Amma cantó:

Adi Paraskti

Oh supremo y primordial poder,
bendícenos, líbranos del dolor.

Oh Diosa de los ocho brazos
cuya montura es un león,
cuyos ojos veneran incluso las flores de loto
Oh Tú la de la dulce sonrisa.

Tu rostro resplandece
y posees las siete virtudes por igual.
Tu cólera es como la del elefante enfurecido
y los dioses te veneran como Ajan.

Oh Diosa del universo
danza por siempre en mi corazón.

Toma en consideración a aquél que te suplica
y concédeme todas tus bendiciones.

Los dichosos momentos de cantar con Amma y de experimentar el sabor de suprema devoción y amor permanecieron hasta las ocho y media. Tras el *arati* Amma fue encontrada echada en la arena no lejos del templo. Unos pocos *brahmacharis* y Gayatri estaban con Ella. Como la arena estaba húmeda, alguien trajo una estera para que Amma se echase sobre ella, pero Amma no se movió. Se diría que disfrutaba de la arena mojada. Comenzó a rodar sobre la arena. Aprovechando la ocasión, Gayatri colocó la estera a su lado con la esperanza de que Amma quedase colocada sobre ella cuando rodase en sentido opuesto, pero quedó desilusionada porque Amma dejó de rodar. Reposaba tranquila; apuntando con su dedo índice hacia el cielo, producía una serie de sonidos que sonaban como si fuese un extraño y desconocido idioma. Su dedo extendido continuó en la misma posición durante un rato mientras Ella permanecía inmóvil con los ojos cerrados. Transcurrieron unos instantes hasta que regresó a su estado normal.

Uno de los *brahmacharis* que estaba presente durante la conversación de la tarde preguntó: «Amma, esta tarde has instruido a un joven diciéndole solo que ruegue y llore a Dios. ¿Es esto suficiente para conocer a Dios?»

«Si», dijo la Madre, «si se hace con todo el corazón. Hijo, no creas que la práctica espiritual consiste solo en sentarse en la postura del loto y meditar o repetir un mantra. Esos son, desde luego, caminos, técnicas para recordar a Dios y para conocer al Ser. Ciertamente ayudan a disciplinar y amansar la mente y el cuerpo, que son inquietos por naturaleza, pero es erróneo pensar que estas prácticas solas son el camino.

«Toma, por ejemplo, a las Gopis de Brindavan y a Mirabai[2]. ¿Cuál era su *sadhana*? ¿Cómo llegaron a ser Krishnamayis (llenas de Krishna)? ¿Fue tras largas horas de permanecer sentadas en la postura del loto practicando rigurosa meditación? No. Pero ellas meditaban, desde luego. Ellas meditaban constante e intensamente, pero no sentadas con las piernas cruzadas. Devotos como las Gopis y Mirabai recordaban constantemente las glorias del Señor, manteniendo siempre el recuerdo de su Divina Forma en su interior, siempre y en todo lugar. Solo lloraban y lloraban hasta que sus lágrimas lavaron y se llevaron toda la materia inútil de la mente, hasta que todos sus pensamientos desaparecieron.

«Hijos míos, cuando lloramos podemos olvidarnos de todo sin esfuerzo. Llorar nos ayuda a dejar de estar siempre pensando en el pasado y soñando con el futuro. Nos ayuda a estar en el presente- con el Señor y su divino lila. Supongamos que alguien muy cercano a nosotros muere, por ejemplo nuestro padre o madre, esposa o esposo, o un hijo o una hija. Nos lamentaremos pensando en él o en ella, ¿no es cierto? Olvidaremos todo lo demás. En ese momento lo único que tenemos en la mente es la dulce memoria del que se ha ido. Nuestro único interés será el pensar y contemplar a esta persona. Nuestra mente se centra completamente en esta persona.

«Hijos, el llanto tiene el poder de hacer que la mente tenga un solo objetivo. ¿Porqué meditamos? Para obtener concentración, ¿no es eso? Si. Por lo tanto, la mejor forma de obtener concentración es llorar al Señor. Esta es una poderosísima forma de recordar a Dios, y eso es, de hecho, la meditación. Esto es lo que hicieron grandes devotos como las Gopis o Mirabai. Fijaros de qué forma

---

[2] Gran mujer devota de Krishna que vivió en Rajastan en el siglo XV. Era una princesa que renunció a su realeza y a sus riquezas para seguir a su amado Señor.

más generosa oraba Mirabai: '¡Oh Giridhari[3] de Mira!, no importa si no me amas, pero, ¡Oh Señor!, no me quites el derecho a amarte'. Lloraban y rogaban hasta que su entero Ser fue transformado en un estado de constante meditación. Continuaron adorando al Señor hasta que estuvieron totalmente consumidas por el Amor Divino. Ellas mismas se convirtieron en la ofrenda.

«Una vez te has convertido en la ofrenda, una vez que todo tu Ser está en estado de constante meditación, entonces, lo que queda ya no eres tú sino Él. Lo que queda es Amor. La oración puede hacer este milagro. Las lágrimas pueden efectuar esta maravilla. ¿Cuál es el propósito de la meditación? Es convertirse en amor. Es conseguir la Unidad. Para ello no existe mejor técnica de meditación que llorar y rogar al Señor.

«Suplicadle, abrid y vaciad en Él vuestro corazón, la meditación no es más que vaciar la mente, alejarse de los *vasanas*. Orar no es más que aceptar su supremacía y recordar nuestra propia nadería. 'No soy nada. No soy nadie. Tú lo eres todo.' La oración nos enseña humildad. Estás buscando refugio en Él, buscas su amor, su gracia, compasión y ayuda para poder alcanzarle. Le estás llamando a gritos intentando expandirte. La oración es la rendición del ego. Desde lo más profundo de tu interior intentas ampliarte. Estás intentando ser más expansivo. Dices al Señor: '¡Oh Señor!, yo no tengo poder. Creía que lo tenía pero ahora comprendo que estoy indefenso. Estoy en la oscuridad, no puedo ver. No soy nada... Guíame, condúceme, ayúdame. Mi ego me hizo pensar que era algo grande. Ahora veo que soy incapaz de hacer nada. Sin tu ayuda no puedo ser nada...' ¿Qué es esto? Esto es verte a ti mismo como a una criatura impotente si no le tienes a Él y a su Gracia. Es hacerte humilde. Es la auténtica forma de acabar con los *vasanas*. Tiene que haber un despertar a la toma de conciencia de la propia impotencia, uno tiene que sentir la propia

---

[3] Un nombre de Krishna que significa aquel que alzó la montaña.

debilidad. La impotencia le hace a uno humilde. Un comportamiento humilde ayudará a alcanzar la Gracia de Dios así como el amor humano.»

Amma continuaba echada sobre la arena. Durante un rato, nadie habló. La Madre pidió algo para beber, pero cuando Gayatri, lo trajo no lo bebió. Incomprensibles son sus caminos. Tras una larga pausa, uno de los *brahmachari* dijo: «Amma, ¿en que difiere la oración de un mero creyente de la de un verdadero devoto?»

Amma respondió: «Un mero creyente normalmente también reza. Puede usar los mismos términos y suplicar de forma parecida. De hecho las palabras pueden ser idénticas, pero son solo palabras que se pronuncian, que no significan nada. No ruegan verdaderamente desde el corazón, solo charlan. A causa del miedo o para conseguir saciar sus deseos dicen algo, lo que para ellos es rezar. Pero en realidad están sugiriendo a Dios, incluso dándole instrucciones, sobre las cosas que quieren y las cosas que no quieren. Ellos dicen: 'Dame lo que quiero y lo que me gusta. No me des las cosas que no me gustan. ¿Cómo va a ser esto una oración? Es únicamente un intento de establecer supremacía sobre Dios. Esto es cuestionar la naturaleza omnisciente de Dios. El llamado creyente está diciendo indirectamente que él sabe mejor que Dios lo que es mejor para él y lo que no le conviene. ¿Podemos llamar oración a esto? No, no podemos. Es simplemente una muestra del ego, tiene todavía sus propias preferencias. Su objetivo es cumplir sus deseos. El deseo es el punto central a cuyo alrededor gira la oración.

«Por eso, un verdadero devoto se ofrece a si mismo al Señor cuando ora. La oración es un ofrecimiento, un ofrecimiento de la propia vida. La verdadera plegaria es verdadera entrega. En la verdadera oración no hay nada que pedir, ninguna demanda, nada que sugerir. Un verdadero devoto comprende que el Señor está dentro y fuera, que todo lo sabe y todo lo puede - omnipresente, omnisciente y omnipotente. Entendiendo esto, el devoto simplemente intenta expresar su total impotencia al Señor aceptándolo como sola protección y guía. En una plegaria tan sincera y abierta de corazón, el devoto reconoce la inutilidad y la carga que es su ego. ¿Porqué seguir conservando algo que no sirve para nada? Por eso, ruega al Señor que se lo quite, que lo destruya. Este tipo de plegaria es verdadera meditación, y le conduce a uno definitivamente al objetivo. En la verdadera oración el devoto no tiene nada que le guste o que no le guste. Lo que quiere es desprenderse del ego. Intenta verlo todo como una manifestación del Señor. No tiene otro deseo más que el de sumergirse en la eterna unión con su Señor.

Otra pregunta surgió: «¿ Puede una persona beneficiarse de la plegaria de otra?»

La Madre contestó: «Si, esto puede suceder. La concentración, devoción y pura resolución de la persona que reza puede afectar a otra y su deseo puede quedar satisfecho. Este tipo de plegaria servirá para que un deseo se satisfaga, para salvar a alguien del peligro o para curar una enfermedad.

Pero si el objetivo es realizar al Ser Supremo, uno tiene que llegar a carecer completamente de ego. Eso requiere auto esfuerzo. El propio *sadhak* debe rogar sinceramente por la eliminación de sus tendencias negativas. Tiene que trabajar duro. Este ruego no tiene por objetivo realizar nada ni saciar ningún deseo, es para ir más allá de toda acción, para trascender todo deseo. Es un intenso anhelo del *sadhak* por volver a su auténtica morada. Se siente y se hace consciente de la carga que su propio ego representa y ese sentimiento crea en él una fuerte urgencia por descargarse de su pesada carga. Es esa urgencia la que se expresa en forma de plegaria.

«La eliminación del ego no puede conseguirse a través de las plegarias de otra alma limitada. Requiere auto-esfuerzo y la guía de un Maestro Perfecto. Trabajar sobre el ego o vaciar la mente se hace más fácil en presencia de un Divino Maestro. Aunque la Madre ha dicho que la oración de uno no ayuda a eliminar el ego de otra persona, el mero pensamiento, mirada o toque de un *Satgurú* puede llevar a cabo una tremenda transformación en el discípulo. Si Él así lo desea, un *Satgurú* puede incluso conceder Auto-Realización a su discípulo o devoto. Su voluntad es una con la voluntad Divina.

«Pedir la realización de pequeños deseos es adherirte a tu mente y a todos sus apegos y aversiones. No solo eso, es añadir más a los *vasanas* ya existentes. Se crean más deseos, más mundos. Al mismo tiempo, alargas la cadena de tu ira, lujuria, avaricia, envidia, ilusión y todas las demás características negativas. Cada deseo trae consigo esas emociones negativas. Los deseos insatisfechos producen ira, en contraste a esto, cuando uno ruega por purificación con el propósito de crear *Atma Bodha* o conciencia del Ser, los *vasanas* son destruidas. Una plegaria así cambiará totalmente vuestra visión de la vida. Muere una persona vieja y nace una nueva. Por eso, pedir la realización de pequeños deseos no produce ningún cambio en la propia personalidad. La persona que así lo hace continúa estando igual, su actitud permanece inalterada.

«Eso no significa que no debáis preocuparos por aquellos que están enfermos o que son menos afortunados que vosotros. Rogad por ellos, para que el Señor le ayude. Esto es mucho mejor que pedir pequeños deseos para satisfacer los sentidos. Pero recordad, si vuestro objetivo es la Auto-Realización, es vuestro ego, vuestros *vasanas*, lo que tiene que ser eliminado. Eso requiere auto-esfuerzo y la guía y la gracia de un *Satgurú*».

Tras esta explicación sobre la oración, la melancólica melodía de la canción *Karunatam katamiri* llenó la atmósfera...

Karunatam katamiri

Oh Madre, por favor posa tu mirada compasiva en mi
Para que mi mente pueda alcanzar la paz.
Adoro tus benditos pies en la flor de mi mente.

Día y noche se elevan, en mi mente,
olas de dolor que la inundan.
¡Oh soberana de la tierra!,
Destructora del sufrimiento y portadora del bien.

Muéstrame tu misericordia.
¡Oh Madre! Permíteme adorar tus pies semblantes a una flor.
Que tu mirada compasiva se pose en mí
para colmarme de bienaventuranza.

Ten la bondad de rociar mi mente
Miserable e indefensa,
Con una gotas del néctar de tu puro amor.
Para que pueda sumergirme y nadar
En las frescas aguas del océano de felicidad.

Espiritualidad es dejar y después volver a tomar

Surgió una nueva pregunta: «Amma, ¿cuál es la mejor forma de explicar o de interpretar lo que es la espiritualidad?»

La Madre contestó: «La espiritualidad no es algo que se pueda explicar o interpretar. Es una experiencia. De hecho, para saber realmente lo que es la espiritualidad, todas las explicaciones e interpretaciones deben acabar. Uno debe volverse muy receptivo. No debe de haber ningún diálogo interno ni ningún juicio. Todas las interpretaciones vienen de la cabeza. Todas las interpretaciones son ideas prestadas o ideas construidas sobre otras ideas. Son todas ellas repeticiones. La espiritualidad solo puede ser experimentada en la quietud y el silencio. Es abandonar toda la información que hemos ido recogiendo del mundo exterior.

«Madre ha oído una historia. Había una vez un *mahatma* que siempre llevaba un gran saco lleno de juguetes y dulces para los niños. En cuanto veía unos niños repartía entre ellos los dulces y los juguetes. Nunca dejó que los demás supiesen de su grandeza. Un día, unos estudiantes avanzados le detuvieron y le dijeron: '¡Oh reverenciado Santo!, sabemos que eres un gran ser, sabemos que estás actuando. Cargando esos juguetes y esos dulces estás intentando poner un tupido velo entre tú y nosotros. Por favor no nos eludas, dinos algo sobre la espiritualidad.'

«Cuando el santo oyó esto dejó caer inmediatamente el saco que cargaba y caminó unos metros. La gente preguntó: '¿Qué es esto? No comprendemos el significado'. El *mahatma* replicó: 'Esto es la espiritualidad, no cargar con la carga de vuestro ego'. Los estudiantes dijeron: 'De acuerdo y después ¿qué?'. Volviendo sobre sus pasos, el *mahatma* cogió el saco de nuevo y lo cargó sobre sus hombros. El sabio les respondió: 'La espiritualidad es esto, soltar, renunciar a todo. El pesado saco es vuestro ego con todas sus tendencias negativas, como la cólera, la codicia, la envidia y el egoísmo. Es una carga. Ese es el peso que os mantiene abajo. Descargad el peso de vuestro ego. Y entonces, después de haberlo soltado completamente, volved y cargad de nuevo con él; pero ahora ya no pesará en absoluto. En otras palabras, no carguéis más con él hasta que sintáis que ya no es ningún peso. El ego ya no es un ego entonces, solo es un ego aparente, es solo un juego. El ego auto-fabricado es para divertirse y para divertir a los que se acerquen a ti. Ese ego auto-fabricado contiene juguetes y dulces para divertir a los niños.'

«Hijos, la espiritualidad no es más que abandonar y volver a tomar. No es más que descargarlo todo y retomar después la carga. Pero ahora la carga no es ya una carga. En otras palabras, no volváis a tomar la carga hasta que sintáis que ya no tiene peso. Si, cuando te hayáis vaciado completamente la carga interna, retomadla de nuevo - lleváis la carga del mundo. Pero ahora ya no sentís ningún peso. Por el contrario, sentiréis una inmensa alegría brotar de vuestro interior, aunque llevéis la carga del mundo. Antes, había verdadero sufrimiento, pero ahora no hay sufrimiento en absoluto porque vuestra mente está completamente tranquila, por eso ya no la sentís como una carga. Aún cuando continuáis actuando, ello os afecta y a la vez no os afecta. Comenzáis a ver las cosas desde un ángulo completamente distinto. Representáis un papel, pero nunca os identificáis con él. Permanecéis al margen. Solo podéis sentiros llenos de bienaventuranza, no importa lo que estéis haciendo.»

Se había hecho un comentario que generaba cierta confusión: «Soltar el ego y volverlo a coger, quedar sin ego, sin sentir el peso que representa. ¡Qué difícil de entender!»

La Madre continuó: «Madre ha dicho que es una experiencia, que no es algo que pueda ser comprendido, ni explicado, ni interpretado por medio del intelecto. El intelecto tiene una explicación para cada cosa. La gente no está preparada para aceptar nada sin una explicación. Piensan que tiene que haber una explicación lógica para todo. ¡Pobres! Creen poder explicar la naturaleza del universo con todos sus misterios. La actual forma científica de pensar es la responsable de generar este tipo de actitud en las mentes humanas. La actual forma científica de actuar trata solo con objetos y cosas que pueden ser percibidos. Trata solo con el mundo empírico que puede ser medido con instrumentos externos, y las conclusiones obtenidas tienen que ser intelectualmente comprensibles.

«Este concepto de la ciencia moderna ha perjudicado a la fe humana. El amor no se puede percibir y tampoco la fe. No son algo tangible. Estas cualidades no pueden ser expresadas mediante palabras y sin embargo son la auténtica base de la vida. Sin ellas, la vida no es vida, sino muerte. La belleza y el esplendor de la vida dependen enteramente del amor y de la fe. Solo pueden explicarse con la misma vida. Si nuestra experiencia carece de amor y de fe, la vida es como una máquina o como un cadáver. Igual que un cadáver se descompone, la vida comienza a descomponerse en ausencia del amor y de la fe. Esta es nuestra experiencia diaria. Cada momento es una experiencia de esta inmensa verdad. Es gracioso que la gente continúe pidiendo pruebas y explicaciones sobre todo esto. Es una pena que mantengan tantas dudas sobre la verdad.»

Un instante después, la Madre se había elevado de nuevo a las alturas de la bienaventuranza espiritual. Se encontraba en un estado extraño. Con su mano derecha tomó un puñado de arena mojada, hizo con ella una bola y se la colocó en la frente. Después se quedó muy quieta. La Madre cerró los ojos y, durante cierto tiempo, permaneció en su propio mundo, un mundo totalmente incomprensible para la mente humana.

De pronto la Madre comenzó a cantar:

Nilameghangale

¡Oh nubes oscuras!
¿de donde viene vuestro color azulado,
el mismo tinte de Sri Krishna,
el hijo de Nanda, en Vrindaban?
¿Encontrasteis allí al niño Krishna?

¿Hablasteis con él y os sonrió?
Acaso Él, el de los ojos azules como flores de loto,
dulces como la miel, os miró?

El hondo silencio de la noche y el profundamente elevado sentimiento creado por la canción hizo que la mente de todos se deslizase a un estado de quietud. Verdaderamente, es maravilloso escuchar las palabras de néctar de la Madre y su estático cantar. Ella llena así el corazón y el alma de amor y contento. Esos intervalos de profundo silencio, cuando irradia la felicidad de su propio silencio interno, son de una belleza que está más allá de las palabras. Durante estos meditativos momentos, las personas que se encuentran en su presencia pueden sumergirse profundamente, sin esfuerzo, en el más profundo retiro de su propio corazón, donde experimentan paz y silencio.

Una vez más, la persona que había hecho la pregunta pidiendo que se explicase la espiritualidad, siguió insistiendo: «Amma, no has explicado como es que el santo no sentía el peso de su carga aún cuando estaba llevándola.»

La Madre sonrió. Debía de pensar que éramos tontos ya que continuábamos haciendo las mismas preguntas después de que se nos dijese repetidamente que las experiencias espirituales son indescriptibles, que no pueden ser explicadas. A pesar de todo, la Madre, la más compasiva, bendijo de nuevo a sus hijos haciéndoles algunas sugerencias más: «Hijo, antes de responderte, deja que la Madre explique como el intelecto continuamente crea objeciones y dudas. Nunca nos deja creer; nunca deja que tengamos una fe indivisible. Mírate ahora. Aún después de que se te ha dicho que la fe es inexplicable, tu intelecto no te permite que lo aceptes. No te permite creer. Sigue pidiendo pruebas en forma de más y más explicaciones. Esta demanda no acabará hasta que te hagas consciente de lo absurdo de este repetido preguntar. Cuantos más argumentos y explicaciones se te den, más querrá el intelecto. Esto es así porque los argumentos y las explicaciones son alimento para él. Sin dudas, palabras y explicaciones, la mente y el intelecto no pueden sobrevivir. No pueden existir. La auténtica fuente de la existencia de la mente es el conocimiento proveniente del mundo exterior; por eso va continuamente detrás de hechos e imágenes. Ahora que lo sabéis, dejad de alimentar a la mente.

«El santo deja de alimentar a la mente con el conocimiento del mundo. Cuando se acaba la comida para el ego, la mente detiene su mecánico funcionamiento habitual. El santo pasa a ser el único que controla, él vive en el corazón. Mientras que la cabeza es el asiento del ego, el corazón es la morada del que no tiene ego. El santo deja de vivir en su cabeza, abandona al ego y se traslada al corazón. No tiene dudas, no divide, carece de visión dual. Se convierte en el universo.

«Una vez que el ego ha sido disuelto, se abandona lo personal. Uno se convierte en conciencia, carente de forma. El ego es el material que da nombre y forma. Una vez destruido el ego, nombre y forma desaparecen. Podéis dar un nombre al santo, podéis atribuirle una forma, pero él ya no es un nombre, ni una forma. Es como el viento, se transforma en espacio. Todo puede pasar a través de él. El universo entero con todos sus objetos: todos los soles, lunas y estrellas, montañas, valles y bosques; océanos, ríos y arroyos; toda la gente, todos los animales y seres vivientes; pueden pasar a través de él, permanece intocable, inamovible e imperturbable. Vive silencioso, pacífico y beatíficamente, porque carece de ego, no posee mente.

«He aquí otra forma de verlo. Mientras permanecemos bajo el agua, no notamos el peso de las cosas que cargamos, ni importa cuántas sean. Pero, salid del agua e intentad cargar esas mismas cosas, no podréis ni siquiera moverlas. De igual forma, el *mahatma* se sumerge profundamente en la existencia total; se convierte en la existencia misma y, flotando en este espacio de existencia, la 'carga' que lleva es ingrávida, sin-peso. Realmente no tiene que llevar ninguna carga. No siente ninguna carga porque, en realidad, desde que no tiene ego se siente completamente descargado.

48

«Un santo vive en el amor, vive en la compasión, es la personificación del amor y la compasión. No hay carga en el puro amor. Nada puede ser una carga para el puro amor desinteresado. El amor real puede asumir toda la carga del universo sin sentir ningún peso. La compasión puede cargar con el sufrimiento del mundo entero sin sentir ni un ápice de dolor. La que llamamos pesada carga del mundo es ingrávida para un *mahatma*. Lleva su 'carga' de pura alegría y bienaventuranza. De hecho, no lleva ninguna carga porque no es una persona, no es una forma; es el espacio mismo y el espacio puede contener cualquier cosa. Nada y todo cabe en el espacio, y siempre estará todo el espacio 'en el espacio' Me refiero al espacio ilimitado, al espacio inagotable.

«En este estado no hay división, de hecho es solo espacio, la división la creamos nosotros. Como resultado de nuestro propio karma el ego crea la división. Es como una casa dividida en habitaciones por medio de las paredes. Antes de que la casa fuese construida, solo había espacio. Cuando se levantaron las paredes, el espacio fue dividido en habitaciones separadas. Pero en realidad, aunque toda la casa esté construida y se hayan hecho divisiones con las paredes, lo que aún existe es solo espacio. La casa existe en el espacio. Si ahora derrumbaseis las paredes, la casa desaparecería y de nuevo solo habría espacio. De igual forma, el ego puede ser comparado a las paredes que dibujan las divisiones. Haz desaparecer al ego y de nuevo serás espacio.

«Pero hijo mío, ¿de que te sirve el oír únicamente estas palabras y estas ideas? Tienes que intentar alcanzar ese estado de carencia de carga. Solo eso es lo importante.»

Otro *brahmachari* se animó a hablar: «Qué conmovedor es todo lo que nos cuentas, Amma. Aunque estemos decaídos, ¡se siente uno tan inspirado cuando se te escucha! A veces es como si una ola de necesidad surgiese desde el interior, y nos sentimos fuertemente motivados a conocer y experimentar este supremo estado. Pero este sentimiento no dura mucho, se extingue pronto».

La Madre continuó: «Esa ola va y viene, aparece cuando estás en una situación parecida a esta, inspirado por un *satsang*. La suma total de estas circunstancias inspiradoras culminarán en una necesidad que será sentida constantemente. Este será el punto de despegue. En ese punto ya no tendrás más opción que dar el salto final, el vuelo final. Un maestro verdadero te llevará a este punto creando más y más inspiradoras e intensas circunstancias. En la medida en que tú te vayas haciendo más y más receptivo, la intensidad de las circunstancias aumentará. Así es como un verdadero *gurú* lleva, incluso al más indigno estudiante, lenta y gradualmente hacia el fin.»

Los *brahmacharis* se regocijaron al oír esta afirmación. Uno de ellos, considerándose a si mismo un discípulo indigno, le dijo: «Ahora me siento feliz al pensar que también yo tengo esperanzas, espero el día en que mi mente esté llena del intenso deseo de fundirme con la Madre».

La Madre respondió: «No esperes simplemente sin hacer nada. No pierdas el tiempo solo esperando. Utiliza el tiempo en preparar la mente, creando más y más una apertura en tu interior por donde el *gurú* pueda entrar. Él está dispuesto a empujar para entrar, pero tiene que haber por lo menos una pequeña grieta. Una vez ha entrado el *gurú*, entonces ya todo está bien. Él hará el resto, él cuidará de que seas devorado. Pero por el momento, esa pequeña grieta aún no existe. Intenta crear esta apertura o al menos una grieta que permita al *gurú* ocupar un pequeño espacio en tu interior. En su momento, él se ocupará de empujar al ego fuera para que tu corazón esté ocupado solo por él».

Tras estas explicaciones, Amma comenzó a cantar:

Agamanta porule

Oh esencia de las agamantas (Escrituras reveladas), que
impregnas el universo,
¿quién te conoce a ti, que eres pura sabiduría?
Oh Ser de beatitud, Ser eterno que no conoce el dolor,
Oh poder supremo, poder primordial, protégeme.

Tú estás en todos los corazones, conociéndolo todo
presto a ofrecer la bienaventuranza de la liberación.
Los perversos no pueden verte, pero resplandeces siempre
en la meditación de los virtuosos.

Oh Tú que lo iluminas todo
bajo la forma de Verdad eterna,
Oh Diosa!, Tú que eres eterna,
ilumina el camino de la salvación
y brilla en mi, un ignorante entre los humanos.

Sinceramente te lo ruego, Oh Madre
Dígnate entrar y brillar en mi corazón
Escógeme para cantar alabanzas de tu historia
y libérame de esta maya.

A las diez y media de la noche comenzó a llover, parecía que Amma tenía ganas de estar bajo la lluvia, porque no se levantaba. En sintonía con Ella, todos permanecieron sentados excepto Gayatri que se preocupaba mucho por la salud de Amma y por sus necesidades físicas. Gayatri se levantó porque se dio cuenta de que la llovizna iba a transformarse pronto en fuerte lluvia. La Madre no se movió. Gayatri intentó convencerla de que se levantase y de que fuese a la veranda del templo o a su habitación. De repente, la llovizna se transformó en aguacero, todo el mundo quedó empapado. Cuando comenzó a lloviznar, Gayatri abrió el paraguas que transportaba e intentó mantenerlo sobre Amma. Pero Amma estaba disfrutando de la lluvia y solo con mucha desgana accedió a las continuas argumentaciones de Gayatri. Finalmente se levantó y se fue con ella hasta su habitación. Los *brahmacharis* se quedaron allí unos momentos más como fuera de este mundo. Les llevó unos minutos darse cuenta de que Amma se había ido; entonces, se levantaron de un salto y corrieron hacia la veranda del templo.

Tiritando, uno de los *brahmacharis* comentó: «Me parecía como si Amma quisiese ver si salíamos corriendo cuando empezó a llover, parecía como si fuese una prueba. Pero tal vez no. Amma tiene sus propias razones. Puede que simplemente prefiriese quedarse bajo la lluvia.»

Otro dijo: «No sé qué hacer en esas ocasiones, por ejemplo: Gayatri insistía en que la Madre debía ir a sus habitaciones, en cambio, ninguno de nosotros dijo una palabra. Lo único que hicimos fue quedarnos sentados. Desde luego que también permanecíamos bajo la lluvia, pero la cuestión es, ¿cuál es la actitud correcta?, ¿la de Gayatri o la nuestra?»

Compartiendo esa inquietud, otro *brahmachari* comentó: «Ahora que lo dices, yo también me siento culpable por ello. Pienso que deberíamos haber pedido a Amma que fuese a su habitación antes de que empezase a llover con más fuerza.»

Siguió una pequeña discusión y los *brahmacharis* acabaron decidiendo que deberían preguntarle a Amma sobre el tema cuando tuviesen ocasión, después, se fueron a su habitaciones. Solo se oía el silbido del viento, el golpeteo de la lluvia y el rugir de las olas del océano.

ॐ

Capítulo 2

¿Cuál es la actitud correcta?

Sábado, 7 de julio de 1984

Durante la mañana los *brahmacharis* tuvieron la oportunidad de preguntar a Amma acerca del tema que les había preocupado el día anterior. Uno de ellos preguntó: «Amma, ayer, cuando Tú estabas bajo la lluvia y empezó a diluviar, Gayatri intentaba convencerte para que fueses a tu habitación mientras que nosotros no decíamos nada, nos quedamos callados. Por favor Amma, dinos si nuestro silencio fue una actitud equivocada».

Amma respondió, riendo: «No, no hijos, no os preocupéis. Vuestra actitud no fue equivocada. Tanto la actitud de Gayatri como la vuestra fue correcta.

«La *sadhana* de Gayatri es velar por las necesidades físicas de Amma y ella se lo toma muy en serio. En las primeras etapas del amor, el amante está siempre muy pendiente y apegado al cuerpo físico de su amado. Este apego o fuerte atadura permanece hasta la última etapa, en la que el amante se hace uno con el amado. La actitud de 'Yo y Tú' continúa existiendo en el amante hasta que tiene lugar la unión final. Gayatri está siempre preocupada por el cuerpo físico de Amma. Piensa en ello dormida y despierta. Su preocupación por el cuerpo físico de Amma surge de su puro amor por Amma. Así es como debe ser, estar atento y preocupado por el cuerpo físico del *gurú* aún cuando el mismo *gurú* no se preocupe en absoluto por sus necesidades.. El apego al *gurú* hace que uno se desapegue de las preocupaciones mundanas. Ayuda a que el buscador espiritual se olvide del mundo y se concentre en Dios. El progreso espiritual del discípulo o devoto depende

53

de la intensidad con que recuerda a su *gurú* o a Dios, lo cual es también meditación y culminará en la Unidad total. Los pensamientos de Gayatri están siempre enfocados en la Madre y en sus necesidades, por eso, no hay nada equivocado en la actitud de Gayatri. Está bien.

«Hijos, ¿habéis oído la historia del dolor de cabeza de Krishna? Un día el Señor Krishna fingió tener un agudo dolor de cabeza. Cuando el sabio Narada entró en las habitaciones privadas del Señor, vio a Krishna agitándose en la cama, incapaz de soportar el terrible dolor. Muy preocupado, Narada preguntó si había algo que él pudiese hacer por el Señor, si había alguna medicina que pudiese aliviar su dolor. Krishna, simulando un severo dolor murmuró con voz apenas audible: 'La única medicina es el polvo de los pies de mis devotos'. Este dolor insoportable solo se calmará al aplicar ese polvo sobre mi frente'

«Al oír esto, Narada pensó: '¡Oh Dios mío!, soy el principal devoto del Señor pero, ¿cómo voy a cometer el terrible pecado de darle al Señor el polvo de mis pies para que se lo aplique en la frente? Eso es imposible. No puedo hacerlo.'

«Pero él deseaba que el Señor se curase, así que salió en busca de alguien que pudiese darle el polvo de sus pies para que el Señor se lo pusiese en la frente. Primero, el santo fue a Rukimi y Satyabhama, las santas Consortes de Krishna. Ellas se negaron inmediatamente, no queriendo cometer tan gran pecado. Después, Narada fue a ver a muchos santos que eran conocidos por su devoción y *tapas*, pero ninguno de ellos estaba tampoco dispuesto a cometer tan grave falta.

«Un descorazonado Narada regresó a Dwaraka, la residencia de Krishna. Le dijo al Señor que todos aquellos a los que se había acercado tenían miedo a cometer un pecado tan terrible y le preguntó qué podía hacer para encontrar el remedio. Viendo la impotencia de Narada, el Señor, fingiendo un terrible dolor, le dijo : 'Ve a Brindaban'.

«Así que Narada se fue a Brindaban, donde las Gopis estaban emocionadas y excitadas por ver al gran devoto de Sri Krishna. Ellas le rodearon preguntándole afanosamente por Krishna. Tras responder a sus preguntas, Narada les habló, finalmente, del severo dolor de cabeza y de su único remedio, diciéndoles que eso era lo que él había venido a pedirles para el Señor. Sin pensarlo un solo momento y como si se hubiesen vuelto locas, las Gopis comenzaron a llenar bolsas y bolsas con la arena de debajo de sus pies. «Extrañado, Narada exclamó: '¡Qué estáis haciendo?, ¿No sabéis que ese es el peor pecado, hacer que el Señor lleve el polvo de vuestros pies?, ¡Estáis locas?'

«En su intenso amor por el Señor, las Gopis exclamaron: 'Pues lo cometeremos, no importa lo grande que sea. No nos importa, nos da igual si es pecado o virtud. El dolor de cabeza de nuestro amado Krishna se tiene que curar, eso es lo único que nos importa. Si el polvo de bajo nuestros pies va a curar su dolor de cabeza, no nos importa el castigo que vayamos a tener; lo aceptaremos con gusto'

«Narada estaba absolutamente atónito ante el incondicional amor y devoción de las Gopis por Krishna. Al regresar a Dwaraka con las bolsas que contenían la arena de los pies de las Gopis, Narada encontró sentado, completamente curado y sano, a un Sri Krishna cuyo divino rostro iluminaba una sonrisa de bienvenida. Narada comprendió entonces que toda la ocurrencia del dolor de cabeza era un divino drama representado por Sri Krishna para hacerle más humilde. Él era ciertamente humilde cuando Krishna le dijo: 'Mi querido Narada, mientras que tú y todos los otros estabais solo preocupados por no incurrir en una falta, las Gopis solo se preocupaban por Mi. A ella no les importaba nada la gran falta que iban a cometer; de hecho, estaban deseando aceptar cualquier consecuencia que cayese sobre ellas por la llamada errónea acción de dar el polvo de sus pies al Señor. Ellas solo pensaban en Mi. Su Krishna debía estar bien, su dolor debía cesar; esa era su única preocupación. Su *bhakti* está más allá de toda comparación.

«Hijos, esa actitud del devoto de cuidar del bienestar físico del Señor es absolutamente correcta. Para él el Señor es a la vez su amado y su todo-en -todo; por lo tanto, cuidar del bienestar físico del Señor, de su salud y de sus necesidades físicas es algo que va perfectamente de acuerdo con su amor y devoción. El apego y constante recuerdo (o concentración) del discípulo surge de esta actitud, lo cual es muy bueno.»

Entonces el *brahmachari* preguntó: «Amma, al principio has dicho que nuestra actitud no era errónea, pero por tu explicación se diría que Gayatri tenía razón y nosotros estábamos equivocados.»

«No, no. No es así», le aseguró Amma. «La Madre estaba a punto de decir que vuestra actitud surge del hecho de estar totalmente identificados con una determinada serie de circunstancias. Vosotros os encontrabais en un estado de olvido. No visteis a la lluvia venir; no visteis a las nubes reunirse. En Ese particular momento, vuestra mente estaba tan concentrada en observar a Amma, que incluso cuando comenzó a llover, no notasteis las gotas de lluvia. Estabais viviendo el momento con Amma y nada más importaba. Sin embargo, al ser la *sadhana* de Gayatri el cuidar de las necesidades físicas de Amma, ella estaba más preocupada por su salud. Ella vio venir la lluvia y se preocupó mucho por si Amma quedaba empapada. Por supuesto quería que Amma saliese de bajo la lluvia y entrase dentro. Por lo tanto ambas actitudes fueron correctas.

«Si la actitud de Gayatri puede ser comparada con la de las Gopis, las cuales sin importarles nada enviaron el polvo de bajo sus pies para curar el dolor de cabeza de Krishna; vuestra actitud en ese momento puede compararse a la de la Gopi que quemó sus dedos cuando vio a Krishna. «Hijos, ¿conocéis esta historia? Había una vez una Gopi a la que su suegra le dijo que iluminase una lámpara en la casa cuando se hiciese oscuro, así que fue a casa de los vecinos a buscar fuego. Antiguamente no había luz eléctrica ni tampoco cerillas. Para encender un fuego había que golpear un pedernal o frotar dos palos a la vez, y cuando alguien lo hacía alimentaba después el fuego y así los demás podían encender los suyos con él. Ir a casa de los vecinos en busca de fuego era algo muy normal. La Gopi tomó una mecha de algodón empapada en aceite para poderla encender en casa de los vecinos. Justo cuando ponía la mecha en el fuego oyó que alguien decía: 'Mirad, ¿no es Krishna quién está en la puerta?'. Inmediatamente ella se volvió y vio a su amado Krishna que estaba allí de pie. Quedó tan parada al ver al Señor que se quedó allí simplemente contemplándole, olvidándose de la mecha que ardía en su mano. Olvidando todo lo demás, no se dio cuenta de que sus dedos estaban ardiendo. No sintió ningún dolor porque no era consciente de su cuerpo. Mientras tanto, su suegra estaba esperando a que regresase con el fuego; al ver que su nuera no regresaba al cabo de tanto rato, la suegra decidió ir a buscarla. Cuando llegó a casa de los vecinos encontró a la Gopi ensimismada mirando a Krishna. Tan encantada estaba con su presencia, que ni siquiera se daba cuenta de que sus dedos ardían.

«Pero recordad, esto es solo un ejemplo. Tanto Gayatri como vosotros tenéis un largo, largo camino que recorrer hasta alcanzar este estado de suprema devoción..

«Ahora bien, hijos, si conscientemente actuaseis de forma egoísta eso estaría mal. Por ejemplo, si por enfado o despecho hubieseis dejado deliberadamente a Amma bajo la lluvia, esa hubiese sido una actitud totalmente nociva que podría afectar negativamente a vuestro progreso espiritual. Igualmente, si hubieseis escapado de la lluvia sin preocuparos de Amma, sin pedirle permiso para iros o sin que Amma os hubiese pedido que os fueseis, esa hubiese sido una actitud equivocada. Sin embargo, ninguno de vosotros hizo nada de eso, así que no os preocupéis.

«Algunas personas consideran a Amma como a la divinidad, piensan que Ella está más allá de todo y que nada puede afectarla. Creen que es todo poderosa y saben que Ella puede vivir sin apenas comer ni dormir porque su energía es inextinguible. La consideran como al Supremo Brahman, el Absoluto. Esta actitud también es correcta.

«La diferencia estriba en que mientras que un devoto ve ambos aspectos del Señor, el externo y el interno, la gente que cree que Dios es el Absoluto Brahman, ve solo el aspecto interno. Para ambos, Gayatri y vosotros, la Madre es vuestro amado Señor y Dios todopoderoso; lo es todo para vosotros.

«Hijos, la Madre sabe que ambos, Gayatri y vosotros os preocupáis mucho por el bienestar físico de Amma, pero en esa particular serie de circunstancias, os identificasteis con aquél momento y os olvidasteis de todo. Mientras que Gayatri, al ser su *sadhana*, estaba más preocupada por el cuerpo físico de la Madre. Sin embargo, en ambos casos este olvido e identificación ocurre solo de vez en cuando. Debería hacerse constante. Y es en ese punto cuando se experimenta el sabor del supremo amor.

Los *brahmacharis* se sintieron muy felices de oír que no habían cometido un error al haber permitido, inadvertidamente, que Amma permaneciese bajo la lluvia, al no insistirle en que entrase. Esa explicación les liberó de toda sensación de culpa. Siguiendo las instrucciones de Amma los *brahmacharis* cantaron:

Mara yadukula hridayeswara

Oh Tú, él más encantador, Señor del corazón de los Yadava
Tú que tienes el color de la nube de tormenta,

Que llevas a la diosa Lakshmi en tu corazón,
Oh Tú, el de los ojos de loto, ¿donde están los dedos que
acariciando la flauta,
tocan dulces melodías que nos conducen al país de los sueños?

Oh Tú que vives en Brindavan como el hijo de Nanda,
Que danzas y tocas la flauta en el corazón del Señor
Chaitanya y de tantos otros,
Eres principio y fin de todas las cosas.
Unimos las manos para adorarte, a ti que estás unido a tus
devotos.

Hacia las tres de la tarde Amma vagaba por el bosquecillo de cocoteros. Eso era bastante normal, pero había algo poco usual en su aspecto. Uno podía pensar que Ella estaba gozando en los más altos planos porque los residentes la habían visto hacerlo anteriormente. Había en Ella algo especial, permaneciendo en la absoluta quietud de su verdadera naturaleza mientras iba de un lado para otro. Eso duró cierto tiempo.

Unos minutos más tarde, la Madre estaba de pie junto a un joven cocotero mirando hacia arriba. En el árbol, un grupo de cuervos estaba atacando a una lechuza. Los furiosos cuervos graznaban salvajemente mientras picaban sin piedad a la indefensa lechuza. Ciertamente parecía que los cuervos iban a matarla.

Tomando una piedra, Amma se la lanzó a los cuervos, pero eso no les molestó y continuaron el ataque. Entonces la Madre cogió varias piedras y se las tiró rápidamente. Esta vez los cuervos se rindieron y se marcharon volando dejando sola a la lechuza; pero al poco el pobre pájaro cayó del árbol aleteando frente a la Madre. Con heridas por todo el cuerpo, la lechuza yacía inmóvil en el suelo. Amma se sentó y tomó al ave herida en sus manos acariciándola compasivamente. Con una triste expresión en su rostro colocó suavemente a la lechuza en su regazo. «Gayatri», llamó Amma, «trae un poco de agua caliente y toallas».

Uno de los *brahmacharis* corrió a llamar a Gayatri para explicarle lo sucedido. Al cabo de unos minutos esta llegó con el agua caliente y las toallas. Al ver la blanca falda de Amma cubierta de sangre se le escaparon estas palabras: «Oh Dios, tu falda está cubierta de sangre, Amma; ahora la falda está estropeada»

Al oír este comentario, Amma le lanzó una mirada muy seria. El amor y la compasión que tenía en los ojos por la lechuza, no se veía en ellos en la mirada que dirigió a Gayatri. Era como una advertencia, como si dijese: «Espera a que termine de atender a este pobre e indefenso pájaro». Gayatri, adivinando las implicaciones de aquella mirada se puso pálida.

Utilizando el agua caliente y las toallas, Amma limpió la sangre y las heridas del ave con gran amor y cuidado. Lo hizo con gran cariño, aclarando cada vez la toalla en un recipiente distinto. La atención que Amma daba a una aparentemente insignificante criatura era tal, que todos sintieron que Ella estaba cuidando a una de sus propias criaturas. La Madre no dijo una sola palabra mientras curaba al ave. Cuando hubo quitado toda la sangre y limpiado todas las heridas, Amma secó el cuerpo de la lechuza utilizando una toalla limpia. Entonces Amma pidió a Nealu que trajese un poco de turmeric en polvo. Rápidamente Nealu regresó de la cocina con el turmeric; era un paquete de los que pueden comprarse en el mercado ya molido. Pero Amma tenía turmeric recién molido en mente: «Este no. Ve a por turmeric seco, rállalo y tráelo»

A los pocos minutos el polvo de turmeric recién molido estaba listo y la Madre, con sus propias manos, aplicó el polvo en cada una de las heridas del pájaro, bajo las alas, en la cabeza, cerca de los ojos, en el cuello. Cuidadosamente Ella buscaba cada herida para aplicarle la medicina. Mientras hacía todo esto, el pájaro permanecía silencioso en el regazo de la Madre sin aletear ni moverse lo más mínimo. Parecía que el ave experimentase bienaventuranza más que dolor. Ahora tenía casi buen aspecto. Habiendo aplicado cuidadosamente el turmeric en todas las heridas, Amma cerró los ojos y se sentó en actitud meditativa durante unos minutos con el ave en el regazo. Abriendo los ojos, Amma le acarició una vez más el lomo. Entonces le pasó el pájaro a Balu dándole instrucciones sobre cómo cuidarlo hasta que se hiciese de noche. Sin moverse de donde estaba sentada, Amma se lavó las manos y permaneció sentada en el mismo lugar.

Gayatri le recordó a la Madre su falda manchada de sangre.

«Amma, ¿no quieres cambiarte la falda?»

Como si hubiese estado esperando oír estas palabras, Amma replicó: «No, la Madre no quiere cambiarse, quiere tener la sangre en la ropa. Eso le recuerda a Amma la indefensa criatura y el dolor que ha soportado. Eso indica el sufrimiento y la agonía de la creación entera. Le hace acordarse del indefenso estado de todos aquellos que experimentan dolor y sufrimiento. Así la Madre puede recordar también la necesidad de sentir compasión y de expresarla a todas las criaturas, no importa lo insignificantes o inútiles que parezcan ser. Es realmente doloroso para la Madre ver lo mucho que sus hijos piensan sólo en si mismos. En vez de sentir compasión por este pájaro indefenso, Gayatri está más preocupada por la ropa. Es doloroso sentir que como buscadores espirituales, los hijos de la Madre no sienten el dolor de otros seres».

Gayatri bajó la cabeza mientras se sentaba muy quieta. Un pesado silencio llenó la atmósfera y todo el mundo comenzó a sentir un poco de la preocupación de la Madre por toda la creación. Era terrible. Las lágrimas rodaban por las mejillas de la Madre, pero nadie supo porqué. ¿Quién puede comprender el significado de las lágrimas de alguien tan compasivo?

Cuando la mente de la Madre cambia de actitud, hay un cambio en la atmósfera que la rodea. Su actitud se refleja inevitablemente en la gente que se encuentra a su alrededor.

Amma comenzó a hablar de nuevo: «El pensamiento de que sus hijos no son capaces de sentir compasión, de que no pueden ponerse en el lugar de otro, es extremadamente doloroso para la Madre.

«Sin amor y compasión el mundo no puede existir. La totalidad de la existencia es debida a los *mahatmas*, al amor y a la compasión que derraman sobre toda la creación. Esta creación y todas las criaturas que hay en ella son una expresión de la compasión. Aquellos que han alcanzado el estado de auto-realización no desean venir aquí abajo. Ellos van más allá, están en el más allá, son el más allá.

«Más allá significa el estado de silencio, el estado de unidad. En ese estado no hay moción y no hay pensamiento porque no hay mente. Para sentir compasión y para sentir amor hace falta una mente o un pensamiento, se requiere un *sankalpa*. Por eso, debido a su interés por aquellos que necesitan ayuda, por aquellos que andan a tientas en la oscuridad; los *mahatmas* descienden un escalón, a veces varios, desde el estado sin pensamientos que corresponde a la «no -mente», desde el estado estático del silencio. Ellos no sienten ningún deseo por descender. ¿Porqué iban a hacerlo cuando son uno con la eternidad? ¿Porqué iban a preocuparse por los demás? ¿Porqué tiene la conciencia que preocuparse por el mundo creado? El hecho es que en este estado no existe la preocupación; no hay sentimientos. No hay ni compasión ni falta de compasión. La mente es creada para sentir compasión, sentir amor e interés por la humanidad doliente. Por propia voluntad crean un cuerpo que pueda expresar compasión y amor. Una vez que la compasión surge en su interior, los *mahatmas* descienden al plano de conciencia humano. ¿Porqué lo hacen?, ¿ para qué lo hacen? ¿ Habéis pensado en ello alguna vez? Lo hacen con la única intención de establecer el espíritu de amor y compasión en vosotros».

La Madre se detuvo un instante. Uno de los *brahmachari* le preguntó: «Amma parece como si tú no hubieses querido descender, como si hubieses preferido permanecer en el estado de Unidad. ¿Cómo es, entonces, que viniste? ¿Cómo surgió esa compasión?»

Amma, la compasiva, respondió: «La Madre oyó una historia que narra lo que sucedió cuando Buda alcanzó la iluminación. Escucha con atención.

«Tras años de *tapas*, Buda fue iluminado. Cuando logró la iluminación, Buda permaneció en silencio durante muchos días. No quería hablar. Solo deseaba perderse en unidad con la Conciencia. Por ello, guardaba silencio. Los seres celestes estaban muy preocupados, su ansiedad crecía pensando si Buda no hablaría nunca más. Sabían que su iluminación era un don muy, muy raro, y por ello deseaban que hablase, para que todo el mundo y todas las criaturas se beneficiasen de lo que él había conseguido. Si no lo hacía, sería una enorme pérdida para el mundo.

«Así que los dioses bajaron de los cielos y aparecieron ante Buda. Inclinándose ante el gran alma, le rogaron repetidamente que hablase. Dijeron: '¡Oh tú que eres Santo!, dígnate hablar. Tu experiencia es especial e incomparable; ten compasión. Son muchos los que sufren en el dolor y la tristeza. Una sola palabra tuya podría darles esperanza. Tu sola presencia les daría paz y tranquilidad. Hay también buscadores de la Verdad que necesitan de tu ayuda. Guíalos hasta este estado de Realización del Ser. Una palabra, una mirada, un toque tuyo sería como ambrosía derramándose sobre ellos. Por favor habla ¡Oh tú que eres grande!'

«Al principio, Buda, el Iluminado, no escuchaba sus ruegos. Después, tras su continua insistencia, intentó explicarles que nada de lo que él pudiese decir podría explicar completamente su experiencia de la Verdad. Los dioses siguieron argumentando con él: 'Piensa en la humanidad doliente. Ten compasión por los que sufren dolor y desesperación, de los que anhelan que alguien les dé consuelo y paz mental. Piensa en esos buscadores de la Verdad que necesitan desesperadamente que alguien los guíe hacia el objetivo. Necesitan de una guía. Si nadie les ayuda, pueden mirar atrás y pensar: 'He esperado durante tanto tiempo alcanzar el estado de Perfección, ¿y si no existe? Tal vez no existe un tal estado de Auto-Realización, ¿para qué perder más tiempo?' Y frustrados y decepcionados puede que vuelvan a caer en el mundo fenoménico. Piensa, ¡Oh Santo!, reflexiona. Piensa en esta gente. Apiádate de ellos, ten compasión de ellos y habla. Una mirada, una palabra, un toque de un ser santo como tú es suficiente para que alcancen el objetivo. Esto, que una sola alma ha conseguido es suficiente para que todo el mundo se beneficie.'

«Gradualmente el corazón del Buda fue llenándose de compasión. Y así, después de haber experimentado la Verdad más alta, después de haber completado el interior y el exterior, y habiendo alcanzado la Unidad con el Ser Supremo, el Buda descendió.

En esta historia, los ruegos y las súplicas de los dioses representan la llamada interior y el anhelo de los *sadhak* sinceros y de la gente que cree en la existencia de un Poder Supremo, que necesitan de la gracia y la guía de Dios. Siempre hay gente que anhela intensamente tener una experiencia tangible de Dios; ven cómo las fuerzas destructivas intentan anular los más altos valores de la vida y sienten, internamente, la urgencia de un cambio espiritual positivo. Su intensa llamada y ruegos crean oleadas de compasión en la mente de un gran alma y, esta llamada le hace descender.

Un *brahmachari* dijo: «Amma, tengo cierta confusión respecto a lo que has dicho. Algunas veces dices que una vez alcanzada la Realización uno queda tan completamente lleno de amor y compasión que no existe nada más que amor en esa persona. Pero también te he oído decir que este estado de Unidad no hay amor ni falta de amor, tampoco compasión ni falta de compasión. Esto parece contradictorio. Te ruego que nos lo aclares.»

«Hijos,» dijo Amma, «una vez alcanzada la Realización, algunos seres se sumergen en la eternidad y solo unos pocos vienen aquí abajo. ¿Quién va a querer volver después de haber entrado en el Océano de la Bienaventuranza? Para regresar desde este último estado, ese estado del que no hay retorno, es necesario tener algo a lo que agarrarse, un pensamiento concreto, un *sankalpa*. Solo unos pocos de los que pueden hacer descender ese *sankalpa* regresarán. Este *sankalpa* o resolución mental es la compasión, el amor o el servicio desinteresado por la humanidad sufriente. Si no quieres escuchar y responder a la llamada de los sinceros buscadores, ni al llanto de aquellos que sufren en el mundo, y quieres permanecer en ese estado impersonal, si no quieres compadecerte de ellos, no pasa nada; puedes quedarte allí.

«Cuando se regresa aquí para que el funcionamiento en este mundo sea más fácil e ininterrumpido, por decisión del propio Ser se tiende un velo que puede ser apartado en cualquier momento. De forma consciente uno no pone ninguna atención al otro lado del velo, aún así, uno puede ir al otro lado y regresar. El solo pensamiento o el recuerdo del otro lado puede hacer que simplemente permanezcas allí.

«Una vez que has descendido, haces bien tu papel. Vives y trabajas duro por la elevación de toda la humanidad. Te encuentras con problemas, obstáculos y situaciones difíciles. Debes también enfrentar abusos, escándalos y calumnias. Pero no te importa porque, aunque exteriormente te pareces a cualquier otro ser, internamente eres diferente, totalmente diferente. En tu interior, eres uno con la Verdad Suprema, y por lo tanto nada te altera ni te afecta. Cuando llegues a ser uno con la verdadera fuente de la energía misma, puedes trabajar incansablemente. Aliviando y haciendo cicatrizar las profundas heridas de aquellos que acuden a ti, das paz y felicidad a todos. Tu forma de vivir la vida, tu renunciación, amor, compasión y generosidad, inspira a los demás a desear experimentar lo que tú experimentas.

«Si los compasivos y amorosos seres que descienden aquí no desean interesarse por el mundo, pueden permanecer en el estado no-dual y sumergirse en la Suprema Conciencia. En este estado no hay amor ni falta de amor, ni compasión ni falta de compasión.

«Para poder expresar compasión y amor y realizar servicio desinteresado; para inspirar a los otros a experimentar esas cualidades divinas, uno tiene que tener un cuerpo. Una vez provisto de cuerpo, tiene que seguir su curso natural. El cuerpo de un *mahatma* es distinto al de una persona corriente. Si lo desea puede conservar ese cuerpo todo el tiempo que quiera, sin verse afectado por enfermedades ni sufrimientos. Pero él, conscientemente, hace que el cuerpo pase por todas las experiencias por las que pasa cualquier ser humano. En esto reside su grandeza.

«¿Acaso no fue herido Krishna durante la batalla del Mahbharata?, ¿no luchó diez y ocho veces con Jarasandha, el rey cruel y poderoso? Finalmente, Él abandonó el campo de batalla mostrando una gran cortesía hacia su contrincante . Hubiese podido matar a Jarasandha si hubiese querido, pero no lo hizo. Hizo que lo hiciese Bhima, el segundo hermano Pandava.

Recordad que fue la flecha disparada por un arquero ordinario la que puso fin a la vida de Krishna en este mundo. Jesús fue ejecutado en la cruz; ambos hubiesen podido evitar las circunstancias que acabaron con su cuerpo pero Ellos dejaron que todo sucediese según el curso natural de los acontecimientos, dejaron que la vida transcurriera, escogieron ser como eran y dejar que las cosas sucedieran. Ellos deseaban hacer entrega de sus vidas, pero eso no significa que el curso natural de las cosas fuera inevitable o ineludible para Ellos, como lo es para los demás seres humanos. De haberlo deseado hubiesen podido desviar todas las experiencias amargas. Siendo todo poderosos, hubiesen podido destruir sin esfuerzo a quien se les opusiese; pero quisieron ser un ejemplo. Quisieron enseñar al mundo, que vivir con los más altos valores de la vida es posible; incluso cuando hay que soportar todos los problemas que tienen todos los seres humanos. Tened presente que si surge una circunstancia en la que necesitan romper las leyes de la naturaleza, Ellos pueden hacerlo. Recordad como Sri Rama estuvo a punto de vaciar el océano entero[4] y como Sri Krishna levantó la montaña Govardhana utilizando su dedo meñique[5].»

Amma hizo una pausa y pidió a *brahmachari* Rao que cantase una canción:

Muka ganam pativarum

Oh triztes abejas, oh melodías sin palabras,
¿no queréis venir a la morada de la divina Madre?

No hay razón para vagar ya más
por los polvorientos caminos de este mundo

---

[4] Cuando Sri Rama, una encarnación del Señor Vishnu, llegó al océano y quiso cruzarlo para llegar a Lanka y recobrar a su divina consorte Sita, le rogó al dios del océano que le dejase pasar. Tratado con indiferencia amenazó al dios, requiriéndole que construyese un puente sobre las aguas. Finalmente apareció y le dió paso.

[5] Para enseñar humildad a Indra, el orgullosos rey de los dioses, Sri Krishna ordenó que la adoración anual que le hacían los pastores no se llevase a cabo y en lugar de eso se ofreciese a la montaña Govardhana. Furioso, Indra hizo descender lluvias torrenciales con el fin de destruir a los aldeanos y a sus vacas. Para protegerlos, el Señor Krishna levantó la montaña y, con su dedo meñique, la mantuvo en alto sobre ellos durante siete dias y siete noches. Por esa razón recibió el nombre de «Govardhana Giridhari» o «El que mantuvo la montaña Govardhana en alto.»

la divina Madre ha encarnado en la tierra.
Con las flores de la primavera, la diosa ha llegado,
los días pasados, idos están ya para siempre...
Corramos pues a este refugio divino.

Llenemos nuestros corazones con nuevas palabras de
sabiduría,
llenos de la beatitud del Ser,
proclamemos que la unidad cuerpo-mente,
no podrá nunca ser Eso.

Tras la canción, Amma continuó: «Hijos, podéis alcanzar la más alta Verdad, pero aún así puede faltaros la compasión. Podéis permanecer en el estado de Unidad sin sentir amor, ni interés alguno por el sufrimiento de los seres humanos,. Seréis como una flor de loto floreciendo en alguna escondida cima de los Himalayas. O como un lago de cristalinas aguas escondido en lo más inaccesible del bosque. O seréis como el árbol cargado de maduros frutos en medio de la selva más densa. Nadie podrá disfrutar de la fragancia de ese loto, ninguna abeja libará su polen para hacer miel; nadie se bañará en ese lago, ni beberá de sus aguas; nadie disfrutará de la dulce y deliciosa fruta. Pero aún así, vuestra existencia será plena, clara y pura, porque habréis alcanzado el fin.

«Por otro lado, los compasivos, aquellos cuyos corazones están llenos de amor e interés, son como un río que desciende de la más alta montaña. Son como el Ganges. Después de haber ascendido a la más alta cima de bienaventuranza y movidos por la compasión, fluyen descendiendo desde lo más alto para así permitir que los demás puedan bañarse, beber y nadar en ellos. Son como un frutal que crece al borde del camino ofreciendo sus frutos a todo el que pasa. El cansado viajero puede disfrutarlos, calmar su sed y saciar su hambre en ellos. Son como una hermosa flor de loto que florece en el estanque del templo. La gente puede pasear a su alrededor, disfrutar de su hermosura, deleitarse con su fragancia y haciéndolo, sentirse colmada. Como abejas que acuden a recolectar polen para la miel, la gente se agrupa alrededor de los compasivos, aguardando las perlas de sabiduría que se desprenden de sus labios. Ellos mismos se convierten en una ofrenda para la gente. Estas almas, ya completamente entregadas, regresan al mundo auto-ofreciéndose en un acto de compasión. Aun así permanecen en silencio.»

La explicación de Amma era tan penetrante y reveladora que todo el mundo quedó absorto en sus palabras. ¿Quién más puede explicar de una forma tan clara y convincente unas verdades tan extremadamente sutiles»? Solo aquel que por mera voluntad y, sin esfuerzo, puede pasar de uno a otro plano de conciencia.

Un *brahmachari* dijo: «Amma, estabas hablando de tu propia experiencia. Nos estabas diciendo que viniste aquí abajo y asumiste una forma humana solo por compasión y amor a nosotros, que nos debatimos en la oscuridad. Amma, ¿cómo podemos compensarte por todo lo que haces y sufres por nosotros? Amma, ¿cómo podemos desarrollar este amor y compasión? Oh Amma... Amma... Amma...» El *brahmachari* empezó a sollozar.

Como una madre profundamente preocupada por su hijo, Amma lo consoló. Mientras la Madre le secaba las lágrimas con sus manos, fue dejando de llorar poco a poco. Este acto fue una verdadera muestra del amor y compasión de la Madre hacia sus hijos.

Olvidar para poder recordar a Dios

Otro *brahmachari* hizo una pregunta: «Amma, te he oído decir muchas veces que uno tiene que 'olvidar para recordar a Dios'. ¿Que significa?

Amma explicó esta aparente paradoja: «Hijos, no solo hay que recordar a Dios, también hay que olvidar. Para poder hacer un trabajo con concentración uno tiene que olvidarse de todo lo demás. Si mientras estudias tus lecciones empiezas a pensar en el fútbol o en una película que viste, no aprenderás nada. Puedes leer mecánicamente, pero mientras tu mente esté en otro lugar, las lecciones no entrarán en tu cabeza.

«Cuando un científico está sumido en un trabajo de investigación en su laboratorio, se olvida completamente del mundo exterior. Pueden ocurrir otras cosas en el mismo laboratorio, pero el científico no ve ni oye nada mientras está pendiente de su propio trabajo. Aún cuando esté mirando a través de un microscopio para investigar las sutiles células del cuerpo humano, no será consciente del microscopio. Solo verá las diminutas células que está estudiando.

«Así, este olvidar y recordar es algo que ocurre continuamente en la vida diaria. A cada momento algo es olvidado y algo es recordado. La familia se olvida y se recuerda la oficina, se olvida a la esposa y se recuerda a los niños; los niños desaparecen y aparece la mujer. Esto ocurre a cada instante, momento a momento, pero no somos conscientes de ello. Ahora tenemos claro que en nuestra vida diaria debemos olvidar para poder recordar algo. Lo mismo ocurre con el recuerdo de Dios. Para recordar a Dios tenemos que olvidar al mundo, porque cuando vemos el mundo, olvidamos a Dios - mientras no tengamos el poder de ver al mundo como Dios.

«Un constante recuerdo de Dios significa un continuo olvido del mundo y de sus objetos. El recuerdo dirigido a un solo objetivo ensancha el espacio que hay entre dos pensamientos. Soñamos mucho despiertos, pensando y cavilando sobre distintas cosas, personas, lugares, etc. El mundo existe en nosotros como pensamientos e ideas. El mundo es pensamiento. El mayor obstáculo para recordar a Dios es el pensamiento- nuestro constante pensar y soñar despiertos, el hábito que tenemos de representar continuamente las cosas. Nuestros pensamientos son siempre irregulares; un pensamiento conduce a otro. Ahora pensamos en nuestro hijo que vive fuera. Soñamos en ir allí y vivir con él durante el resto de nuestra vida. Entonces soñamos con aquél país y con lo bien que lo pasaremos allí. Al momento siguiente nuestros pensamientos nos llevan al zoo que visitamos el otro día y los chimpancés que vimos en una de las jaulas, cómo saltaban de un sitio al otro, qué divertido fue cuando se comieron los cacahuetes que les dimos, cómo los cascaban... Al momento siguiente recordamos el día de nuestra boda... Así es como piensa la gente. Viven dedicados a sus pensamientos.

«Si sois capaces de mirar con cuidado, si podéis ver con vuestro ojo sutil, observaréis que existe una grieta, un espacio, entre un pensamiento y otro. Esta grieta es muy fina, más fina que la anchura de un cabello, pero está ahí. Si podéis impedir que los pensamientos fluyan sin control, como ahora ya sabemos, esta grieta se ensanchará. Pero esto solo puede hacerlo una mente que esté concentrada en un único pensamiento; debe permanecer no en varios pensamientos sino en uno solo, y a este pensamiento le llamamos el recuerdo de Dios. Este pensamiento puede tener el nombre de Rama, Krishna, Cristo o Buda, depende de cómo llaméis vosotros a Dios. A través de esta clase de recuerdo se deja de soñar despierto, deja uno de agarrarse al resto de pensamientos y, en su momento, el recuerdo se hace constante. Por este constante recuerdo de Dios uno se olvida del mundo y de lo que sucede. El conjunto de pensamientos es substituido por uno solo, el pensamiento de Dios.. Puedes llamarle Rama, Krishna, Buda o Cristo, no importa que nombre le des, ese pensamiento unidireccional deriva en el constante recuerdo de Dios».

El *brahmachari* aún tenía dudas: «¿Y qué ganamos con ello?, ¿Cuál es el beneficio de este olvidar y recordar?»

Amma respondió: «Imagina que has construido una hermosa casa. Tener una casa así era el sueño de toda tu vida. Siempre soñabas con esa casa ideal, a menudo olvidando todo lo demás. ¿Qué es lo que ganas cuando por fin terminas de construirla y te trasladas a vivir en ella? Te sientes feliz y contento, ¿no es así? Igualmente, cuando recuerdas constantemente a Dios olvidándolo todo respecto al mundo, alcanzas la paz y el contentamiento perfecto. La satisfacción que experimentas cuando te trasladas a vivir a tu casa desaparecerá pronto porque será reemplazada por otro deseo, mientras que la paz y el contentamiento que obtienes a través del constante recuerdo de Dios, olvidando todo lo demás, te conferirá paz y felicidad eternas.

«¿Qué es lo que el hombre anhela?, ¿de qué andamos más escasos en este mundo? De paz, ¿no es verdad? No hay paz en ninguna parte, ni dentro ni fuera. Para vivir la vida como vida se necesita paz, se necesita amor. La paz no es algo que uno consigue cuando se sacian todos los deseos o cuando se solucionan los problemas. Mientras la mente esté ahí, los deseos irán apareciendo y existirán los problemas. La paz es algo que aparece cuando todos los pensamientos se disuelven y se transciende la mente. La paz aparece cuando el recuerdo de Dios y el olvido del mundo se experimentan simultáneamente.

«Una persona que tiene paz está relajada en su interior. Su vida es equilibrada, no está nunca excitada ni ansiosa, nunca se aflige por el pasado. Enfrenta las situaciones de la vida tranquila e inteligentemente porque disfruta de una gran claridad de visión. Su mente y su visión no están enturbiadas por pensamientos superfluos. Recuerda, él tendrá en la vida los mismos problemas que los demás, pero la forma en la que se enfrentará a ellos, será diferente. Habrá un especial encanto y belleza en todo lo que haga. Permanecerá imperturbable ante cualquier circunstancia que aparezca en la vida.

«Hijos, aprended a recordar que vosotros sois el Ser, que vosotros sois Dios mismo. Evitad el pensamiento de que sólo sois el cuerpo, de que estáis separados de Dios o de que nadie cuida de vosotros.»

Amor y razón

Cuando Amma terminó de hablar, *brahmachari* Pai se puso a cantar espontáneamente una canción. Todos, incluida Amma, se unieron a él gozosamente. Cantaron:

Hariyute kalil

Sin caer rendido a los pies de Dios (Hari)
nadie puede extinguir
el fuego del dolor, de la transmigración.
Sin postrarse para siempre ante el gurú
nadie puede alcanzar la bienaventuranza de la liberación.

Nadie puede llegar al Señor
sin haber quedado absorto en el canto de su nombre.
Sin sumergirse en la dulzura de la devoción,
nadie puede alcanzar el estado de liberación.

Aquél que no medita, no hace japa
u otra sadhana, no participará
del néctar de la bienaventuranza.
Sin rectitud y compasión
no es posible cumplir el dharma.

Sin haber renunciado a todos los apegos,
no puede apagarse el fuego de la transmigración.
Hasta que se elimine el recelo interno
Dios no podrá aparecer ante nosotros.

73

Al finalizar la canción, un *brahmachari* hizo el siguiente comentario: «¿No es cierto que para conocer a Dios o al Ser es necesario mantener una fe constante, una auto-entrega y amor puro? Sin embargo, los intelectuales suelen considerar esas cuestiones como algo irracional e ilógico»

Amma respondió rápidamente: «Los llamados intelectuales nunca disfrutan de la vida real. El amor es indispensable en la vida real. La fe necesita del amor y el amor necesita de la fe. La auto-entrega requiere también fe y amor. Todas estas cualidades se hallan en el corazón, no en el intelecto.

«El amor, la entrega y la fe son cosas imposibles para un pensador racionalista, para alguien que está todo el tiempo calculando y analizándolo todo. ¿Cómo va a poder amar una persona así? En el amor no existe la lógica, no es algo que pueda analizarse; el amor es algo que se siente, un profundo sentimiento. El amor no se puede ver, no se puede tocar; pero se puede sentir, y el sentimiento está en el corazón. Para poder amar se necesita un corazón que pueda sentir y expresar.

«Hijos, ¿que ocurriría si una mujer se enamorase de una persona muy racional, y le pidiese que se casase con ella? Puede que él respondiese: 'Espera un poco, tengo que pensar en todo esto. Tengo que pensar y analizar si este matrimonio será un éxito o un fracaso. Debo ser racional y averiguarlo antes de responderte.' Después, es posible que escribiese un ensayo analizando los éxitos y los fracasos en el amor y la vida matrimonial, y probablemente la conclusión fuese: 'El amor es irracional. No existe eso que se llama amor, pues no es más que una fantasía. Algo así no puede existir porque no puede ser visto, tocado, ni percibido; Se trata, por tanto, de una ilusión, de algo imposible.'

«El amor surge sin más. Nadie piensa en cómo amar o en cuándo y dónde amar. Nadie razona acerca del amor. El pensamiento racional es un obstáculo para el amor. El amor es un inevitable anhelo de unidad y no hay lógica en ello, es algo que está más allá de toda lógica. Así que no tratéis de ser racionales con el amor. Es como intentar darle al río razones para fluir, a la brisa para ser agradable y fresca, a la luna para brillar, al cielo para expandirse, al océano para ser vasto y profundo o a la flor para ser hermosa y fragante. La racionalización destruye la belleza y el encanto de todo ello. Son cosas que deben ser disfrutadas, experimentadas, amadas y sentidas. Si se racionaliza acerca de ellas, se pierde la belleza y el encanto del sentimiento que evocan. Sentaos a la orilla del mar, miradlo, sentid su inmensidad, sentid el ir y venir de las olas. Maravillaos ante la creación y ante el creador de tal maravilla. ¿Qué beneficio os puede reportar el hecho de elucubrar acerca del océano?

«La racionalización destruye la belleza. Una constante dependencia de la lógica destruye la poesía, la música, la pintura y el canto. Destruye todo aquello que es hermoso en la naturaleza. Poesía, música, pintura, escultura y canto dependen del amor. Estas artes son la expresión de la persona que las practica. Su corazón es lo que se expresa en cada una de ellas. El artista vuelca todo su ser en su arte y él mismo desaparece; solo la poesía existe, solo la música existe, solo el amor existe.

«La fe y la auto entrega pertenecen a la misma categoría a la que pertenece el amor. El amor, la fe, y la auto-entrega están vinculadas y son interdependientes. Todas son expresiones del corazón. La fe supone creer en algo que uno siente, y ese algo no es visible ni tangible; es una experiencia. La experiencia de la fe es personal y subjetiva. Cuando uno tiene fe sabe a través de su propia experiencia y no necesita que nada le sea probado. Cuando algo puede verse, si hay pruebas externas, entonces no es fe, es un hecho. Cuando los hechos son comprobables no hace falta la fe. Por ejemplo: el sol existe, la tierra, las plantas, los ríos y las montañas existen; todo esto son hechos, no es necesaria la fe para saber que existen, su existencia puede ser demostrada. La fe opera cuando falla la razón. La fe y el amor están más allá de la razón; el corazón es el que siente y experimenta la fe y el amor.

«La ciencia ha ensanchado inmensamente sus áreas de investigación, pero todavía son muchas las cosas que el intelecto humano no puede comprender; hay muchas cosas que no pueden ser explicadas por la ciencia. Aún cuando la ciencia ha alcanzado cotas inimaginables, ¿acaso no continúa el universo siendo un misterio? Aunque se ha desarrollado maravillosamente, la ciencia todavía no ha comprendido ni siquiera una parte infinitesimal de lo que realmente es el universo. ¿No es verdad que la ciencia ha fracasado totalmente en sus intentos por conseguir que el ser humano sea feliz y esté en paz? La ciencia con todos sus magníficos descubrimientos, ¿es capaz de hacer más humana a la humanidad? Todos los adelantos tecnológicos y avances científicos que hemos conseguido son el resultado de nuestro pensamiento racional; todos ellos son producto del intelecto. Pero la primacía del intelecto ha destruido nuestra calidad de vida, ha destruido el amor, la fe y la entrega a un más alto ideal en la vida. Ha destruido la belleza, y solo ha servido para exaltar al ego y la vanidad personal, lo que supone para nosotros un grave obstáculo.»

Todavía no muy convencido, el mismo *brahmachari* insistió una vez más: «Parece como si Amma estuviese en contra de la ciencia y del pensamiento intelectual. ¿No deberíamos considerar también todos los beneficios que la ciencia y el pensamiento intelectual han reportado a la sociedad?»

La respuesta de la Madre fue benevolente: «Hijo, la Madre no está en contra de la ciencia ni del pensamiento intelectual. La Madre no dice que la ciencia nos haya perjudicado completamente, tampoco está diciendo que el pensamiento intelectual no sirva para nada. La ciencia y la investigación intelectual han permitido grandes avances para toda la raza humana. De eso, no hay duda;

pero lo que Amma quiere manifestar es que nosotros, los seres humanos, no deberíamos dar importancia a la ciencia y al pensamiento racional a costa de negársela a todo lo demás. La ciencia y la razón tienen su lugar; dejémoslos ahí, sin colocarlos ni más alto ni más bajo. Recordad que la vida no es una máquina. La vida es la conciencia misma; no intentéis hacer de la vida algo mecánico. No queráis ser científicos u hombres de negocios o actuar como administradores cuando estáis en casa. Vuestra esposa no es una máquina, y tampoco lo son vuestros padres o vuestros hijos, ni vosotros lo sois. Dado que la vida no es un máquina, es preciso el amor para sentir el hogar como algo vivo. De otra forma, el hogar puede fácilmente transformarse en un infierno.

«Si eres un científico, deja que ese aspecto racional tuyo brille en todo su esplendor cuando estés en el laboratorio y cuando te encuentre entre otros científicos. Está bien que en esos momentos manifiestes ese aspecto tuyo; pero cuando vayas a casa tienes que ser capaz de abandonar ese papel. En casa estás de regreso a la vida real y tienes que ser capaz de cambiarte de la cabeza al corazón. Debes tener la fuerza necesaria para dejar de pensar en tu ciencia y en tus experimentos.

«En el hogar no eres un científico o un ingeniero, allí tu investigación científica o tu profesionalidad como ingeniero no son lo más importante. Tu expresión displicente y seria no tienen lugar en el hogar. Que árida y aburrida puede ser la vida si cuando llegas a casa vas directamente a tu rincón, sin tan siquiera mirar o sonreír a tu mujer y a tus hijos. Piensa en la tensión y el cansancio que se produciría en tu vida familiar, a causa de este modo de proceder. En una familia así, no hay caras sonrientes. El cabeza de familia que siempre se sienta con la barbilla apoyada en la palma de su mano, que está constantemente pensando en su trabajo, no está cumpliendo con su deber de esposo y de padre. Si no se comunica con su esposa y con sus hijos, aparecerá la tensión y el cansancio, y todos encontrarán aburrida y triste la vida hogareña. «¿Cuántas relaciones familiares se estancan a causa de la falta de amor y del interés mútuo? Muchas esposas acuden a Amma y le dicen con franqueza: 'Amma, mi esposo ni siquiera me sonríe. Nunca me habla cariñosamente, ni muestra ningún interés por mi. Se me hace muy difícil vivir con él. ¿Qué puedo hacer?' A veces estas mujeres se van tras otro hombre, se hacen adictas a las drogas o incluso acaban suicidándose. En algunos casos la víctima es el esposo, pero también lo son los hijos que, en muchas ocasiones, se quedan desatendidos o son ignorados.

«Hijos, lo que la Madre dice es que podéis ser lo que vosotros queráis, pero vuestra vida profesional debe ser diferente a vuestra vida familiar. Vuestra vida como científicos u hombres de negocios es distinta de vuestra vida como padre, madre, esposo, esposa, hijo, hija, hermano o hermana. Podéis pensar, podéis ser intelectuales, pero al mismo tiempo debéis ser capaces de dejar de lado el intelecto y daros al amor y la fe cuando lo deseéis. En cualquier momento tenéis que poder cambiar un ceño fruncido por una hermosa sonrisa.

«El amor crea risueños semblantes y compasivos corazones, y se expresa en palabras dulces y agradables. Si eliges cabeza y corazón, de manera equilibrada, no tendrás ningún problema, pero si escoges solo el pensamiento lógico y racional, surgirán los problemas. El amor disuelve todos los problemas y aleja el miedo, la agitación, la tensión o el enfado. Si solo te apoyas en el pensamiento intelectual, tendrás que cargar con multitud de problemas y con las constantes preocupaciones. Recuerda, tuya es la elección. Utiliza tu discriminación y elige. Recuerda, la Madre no intenta que la ciencia y la lógica desaparezcan totalmente, la Madre solo desea que reflexionemos sobre la peligrosa tendencia de la era actual, que da demasiada importancia a la razón y a la lógica, ignorando totalmente al amor y la fe, cualidades que unen a la raza humana».

Eran casi las cinco y media de la tarde cuando Amma decidió levantarse y dirigirse hacia el bosque de cocoteros. Caminó hacia el extremo sur del *ashram*, donde los canales separaban el *ashram* de las tierras vecinales. Los propietarios de estas tierras eran devotos de la Madre, especialmente dos jóvenes de más edad que Amma. En los tiempos en que apenas nadie cuidaba de Amma, esas dos jóvenes solían hacerlo a menudo. La acogían en su casa donde la bañaban y le daban de comer. Ahora, como si hubiesen estado esperando a Amma, las jóvenes y toda su familia se acercaron corriendo hasta el borde de su propiedad. Aunque entre la Madre y la familia mediaba el canal, Amma estaba muy contenta de verlos a todos juntos, por lo que les preguntó a gritos cómo estaban. El hijo mayor explicó a Amma que los pescadores de la zona estaban pasando una pésima temporada. A causa de las fuertes lluvias y lo alto de la marea, no habían podido pescar un pez desde hacía varios días. «¡Qué lástima!, ¿qué va a ser de ellos si continúa esta misma situación? La preocupación de Amma se evidenciaba en sus palabras. «Sería suficiente con que tuviesen comida por lo menos para un día.»

La conversación entre Amma y la familia continuó un poco más. Cuando terminó, la familia se fue y la Madre regresó al bosquecillo de cocoteros con las manos unidas en la espalda. Se detuvo cuando llegó al extremo sudoeste del *ashram*, y permaneció allí observando el mar, las olas y la larga hilera de barcas varadas a lo largo de la orilla.

La Madre continuó allí durante un rato, puede que pensando en las desgracias de los pescadores y de sus familias. Amma mostraba una gran preocupación. Nacida y criada en esa aldea, Ella sabía muy bien lo que significaban muchos días de mala pesca.

Parecía como si la siniestra serpiente de mar de la pobreza y el hambre, asomara su cabeza por la orilla.

Durante los *bhajan* de la noche la Madre cantó...

Ammayalle entammayalle

¿ No eres Tú mi Madre?
Oh, ¿no eres Tú mi Madre querida,
aquella que enjuga mis lágrimas?,
¿No eres Tú la Madre de los catorce mundos,
Creadora del universo?

Cuántos días he pasado llamándote,
a ti cuya naturaleza es la Shakty,
No vas a venir?

Oh Tú que satisfaces todos los deseos,
¿no están la creación, la conservación y la destrucción en ti?

Mientras cantaba, la Madre lloraba. ¿Eran lágrimas de beatitud o acaso lloraba por los pobres pescadores, suplicando el favor del Ser Supremo?

Tras los *bhajans* Amma llamó a Nealu y le dijo; «Hijo, a la Madre le duele el corazón al oír que los niños de la playa no tienen qué comer. La Madre tiene que hacer algo, de lo contrario no se quedaría tranquila; Ella misma no podría comer ni dormir. Organízalo todo para que mañana se distribuya entre ellos arroz y otros alimentos».

«Como Amma desee», fue la respuesta de Nealu.

Las luces del *ashram* se apagaron a las once de la noche, pero a las doce la luz de la habitación de Amma estaba aún encendida. Llovía, pero si uno escuchaba con atención podía oír, a través de la lluvia, el melodioso sonido de la tambura saliendo del cuarto de Amma. En harmonía con el dulce sonido de ese instrumento de cuerda, la Madre cantaba:

Kalina kananen kannukal

Oh Tú el de la tez oscura,
mis ojos arden de dolor en el deseo de ver tus Pies.
Oh Tú, el de los ojos de loto, ven corriendo
con las vacas y la melodía de tu flauta.

No teniendo mantequilla ni leche que ofrecerte,
solo puedo darte algo de mi dolor.
Oh Kanna, a tus pies
ofrezco las perlas de mis lágrimas.

¿Cuánto tiempo más tendré que llamarte?
No sientes ni siquiera un poco de compasión por mí?
Qué terrible falta he cometido?
No eres Tú el Amante de tus devotos?

Es posible que Amma estuviese rogando por los pescadores.

La oscura noche envolvía el sonido de la lluvia, el rugir de las olas del océano y la canción de Amma. La atmósfera de esa noche lluviosa estaba llena de patetismo. Atraídos por la canción de la Madre, unos cuantos *brahmacharis* estaban sentados junto a sus cabañas escuchando. El talante de la Madre parecía ser un reflejo del dolor y el desengaño de los pescadores. ¿Qué otra cosa podía ser? Su mente que es una con el Universo siente y refleja todo lo que sucede a su alrededor.

ॐ

Capítulo 3

Domingo, 8 de julio de 1984

Todos estaban sorprendidos al ver lucir el sol aquella mañana. Tras tantos días de fuerte lluvia, era realmente una hermosa señal. Los rayos de sol bailaban y brillaban en las húmedas hojas, los pájaros piaban alegremente mientras saltaban de una a otra rama. Parecía un día prometedor; como si las cosas fuesen a mejorar para los pescadores. Siguiendo las instrucciones de Amma, todo estaba organizado para repartir a los aldeanos arroz y otros alimentos en la playa.

Los habitantes del *ashram* creían que el cambio de tiempo había sido el resultado del *sankalpa* de la Madre por mejorar la suerte de los pescadores y sus familias. En cuanto Ella supo de sus desdichas pareció estar muy afectada, y dejó de comer y de beber. Sus cantos eran como intensas plegarias de súplica para salvar a los aldeanos de la hambruna. La misma Madre había hecho, inicialmente, los preparativos para que recibieran comida por lo menos un día. Así pues, no había lluvia esa mañana y, algo más sorprendente todavía, el mar no estaba tan agitado como lo había estado los días anteriores. Por la tarde, los pescadores salieron a la mar e hicieron una muy buena pesca, lo cual salvó a muchas familias del hambre. De esta forma, la afirmación de Amma de que tendrían comida por lo menos para un día resultó cierta, por ambos motivos, por la distribución de comida del *ashram* y por haber hecho una buena captura.

El *darshan* comenzó alrededor de las once de la noche. cuando Amma bajó a la cabaña Caminando tras Ella iba Shakti Prasad, un niño nacido de una pareja sin hijos gracias a las bendiciones de Amma. Cogido de su mano, el niño parecía un pequeño yogui; de su cuello pendía un mala de grandes semillas de rudrashka, y cruzaban su frente gruesas líneas de ceniza sagrada. Dado que los devotos se sorprendían ante el aspecto del niño y mostraban curiosidad en sus miradas, Amma les dijo: «Ha insistido en ponerse el mala y la ceniza sagrada». Amma parecía muy contenta y satisfecha con ese niño que había ido a pasar unos días con Ella. La Madre se sentó en el pitam y permaneció un rato en actitud meditativa con los ojos cerrados mientras los *brahmacharis* cantaban:

Gurú Paduka Stotram

Om. A ti, querido gurú, ante cuyas sandalias yo me inclino,
Oh gurú sin par, ante tus sandalias me inclino.
Tú eres nuestro instructor, el todopoderoso Señor ;
Ante tus sandalias, amado gurú, una vez más yo me inclino.

Dotadas del poder de «aim» y de «hrim»,
tus sandalias encierran toda la gloria de «srim»
y explican el profundo significado de «Om».
Ante tus sandalias, amado gurú, me inclino una vez más.

Ceremonias de fuego, ofrendas de sacerdotes,
Todas las ceremonias religiosas están aquí completas:
Tus sandalias conceden el conocimiento de Brahman;
Ante tus sandalias, amado gurú, me inclino una vez más con reverencia

Son un águila para dar muerte a la serpiente del deseo,
Tus sandalias inspiran desapasionamiento y sabiduría.
Tus sandalias dan ahora conocimiento y libertad;
Ante tus sandalias, amado gurú, me inclino una vez más.

Segura embarcación para cruzar el mar de la vida;
Tus sandalias despiertan verdadera devoción por ti.

Son como un fuego para el agua de la duda;
Ante tus sandalias, amado gurú, me inclino una vez más.

Los *brahmacharis* continuaron cantando mientras Amma daba su *darshan*.

Sadhana y destino

Uno de los devotos llevaba un vendaje en la frente y la Madre quería saber que le había ocurrido. Con una pícara sonrisa en la cara él replicó: «Tú ya lo sabes Amma. Sin ti yo no hubiese podido estar aquí hoy». De todas formas, el devoto respondió a la pregunta de Amma y le explicó como había sufrido un accidente de motocicleta cuando regresaba a casa desde el trabajo. Tenía prisa por llegar para ver a su hijo que se encontraba postrado en cama con fiebre alta y vómitos. Haciendo caso omiso del denso tráfico había conducido rápido bajo la lluvia. Zigzagueaba entre otros vehículos cuando de pronto apareció un camión frente a él y le golpeó. El impacto de la colisión fue tan fuerte que la moto rebotó contra el camión despidiendo al devoto de su asiento.

«Pensé que iba a morir aplastado por los vehículos que circulaban rápidamente», le dijo a Amma. «Reuniendo todas mis fuerzas grité: '¡Amma, sálvame!, ¡protégeme!'; de pronto me acordé de mi hijo y de nuevo grité: 'Amma, ¡mi hijo!'. Cerrando con fuerza los ojos esperaba el momento de morir bajo las ruedas de algún pesado camión, pero nada ocurrió. En lugar de ello, sentí unas manos que me levantaban; me pareció que volaba o flotaba por el aire, después sentí claramente que había sido transportado por las manos de alguien. Al abrir los ojos, seguía sintiendo las manos pero no vi a nadie. Entonces un rostro apareció lentamente ante mis ojos. Eras Tú Amma, eras Tú...» El hombre sollozó y se cubrió el rostro con las dos manos. Entre lágrimas dijo: «No hubiese podido ver tu compasivo rostro nunca más. No hubiese podido ver a mi hijo nunca más. Si yo hubiese muerto en ese accidente, a él se le hubiese roto el corazón y hubiese muerto también». El devoto lloraba sin consuelo.

Como una madre amorosa consolando a su hijo favorito, Amma le frotaba la espalda, le daba golpecitos y le acariciaba la cara diciéndole que no se preocupase ya que nada malo había ocurrido. Cuando finalmente el hombre se calmó quiso terminar la historia. Explicó que había quedado inconsciente tras contemplar el rostro sonriente de Amma. Cuando abrió los ojos se encontró echado en la yerba al borde de la carretera, rodeado de mucha gente. Supo entonces, con sorpresa, que todo había ocurrido en unos segundos.

Más tarde explicó: «Por las explicaciones de la gente respecto a lo milagrosamente que había escapado, supuse que debían de haber visto como ocurría el accidente y la forma en que misteriosamente había llegado yo hasta la yerba. Estaban a punto de llevarme al hospital cuando me levanté diciendo que estaba bien. Exceptuando esta herida en la frente y otra en mi rodilla izquierda, estaba perfectamente. La noche pasada me hicieron una revisión y el médico dijo que estaba perfectamente bien. Amma, tú has salvado mi vida», y mientras decía estas palabras, los ojos del devoto se volvieron a llenar de lágrimas.

La Madre le preguntó cariñosamente: «¿Cómo está tu hijo? ¿Se encuentra bien?»

El hombre respondió: «Gracias a ti ayer llegué finalmente a casa; la fiebre le había bajado y ahora se encuentra mucho mejor».

Tras escuchar esta historia, otro devoto se sintió impelido a hacer una pregunta acerca del destino: Esta experiencia de escapar de la muerte, ¿podemos considerar que es únicamente el fruto de su acción?, ¿es el resultado del karma?, ¿estaba él destinado a ser salvado por ti o estaba destinado a morir?

La Madre explicó: «Estaba destinado que el accidente ocurriese y él no sobreviviese; él estaba destinado a morir. Pero la Madre ya le había prevenido hace meses de que algo muy serio y peligroso iba a ocurrir, y que él debía rezar y meditar todo lo que pudiese. Él obedeció y siguió todas las instrucciones de la Madre. Su obediencia, sinceridad y devoción hicieron posible que recibiese la gracia de Dios. Es esta gracia la que le ha salvado de la muerte. Pero recordad, el grave accidente tuvo lugar. Era una experiencia por la que él debía pasar, y de la que se ha salvado como resultado de su propio esfuerzo. Su sincero y constante esfuerzo hizo que la compasión y la gracia fluyeran, y ello le ha permitido salvar su vida. Hijos, hasta el destino puede ser vencido con un sincero y dedicado esfuerzo. En el caso de ciertas personas, el mismo Dios hará cambiar su destino.

El devoto que había sufrido el accidente continuó. «Hace cinco meses, cuando vine por primera vez al *darshan* de Amma, Ella me dijo que debía tener mucho cuidado, que al cabo de unos meses debería hacer frente a algo muy serio y peligroso. Cuando Amma supo que yo tenía una motocicleta me advirtió de nuevo. Me dijo concretamente que no debía, de ninguna forma, conducir deprisa. Incluso me prohibió que hiciese largos recorridos con la moto».

El hombre que había hecho la pregunta sobre el destino señaló otro punto: «Amma, has dicho que este devoto siguió tus instrucciones perfectamente y que ello hizo que la gracia fluyese hacia él. Pero a veces ese tipo de milagros ocurre incluso antes de que la gente te haya conocido. Yo he oído muchas historias así; historias que cuentan como Amma les ayudó a ellos o a alguien de su familia incluso cuando aún no la habían conocido. En esos casos, tú no les habías dado instrucciones, ni tampoco estaban siguiendo ninguna *sadhana*, ¿podrías aclarárnoslo?

Amma respondió lo siguiente: «Es cierto que algunas personas tienen experiencias similares a esta, incluso antes de conocer a la Madre. Hijo, recuerda que todos aquellos que están relacionados con Amma en esta vida estaban también con Ella en sus anteriores nacimientos. Vosotros podéis ver solo el tiempo correspondiente a esta vida y por eso creéis que antes ellos no conocían a la Madre. Pero todos han estado antes con Amma, así que no se puede decir que estas experiencias ocurrieran antes de conocerla. Nadie recuerda o conoce su conexión con la Madre en vidas previas, cada uno tiene un momento predestinado para ir hacia Ella, unos lo hacen antes y otros después, pero cada uno de los niños de la Madre ha estado siempre con Ella. Se le acercan en diferentes momentos, a veces cuando oyen hablar de Amma o cuando ven su fotografía, otras veces ocurre cuando escuchan alguna de las grabaciones de los *bhajans*. En algunos casos la gente va a Amma después de conocer a uno de sus hijos; otros en cambio, comprenden su relación con Amma solo a través de un contacto directo con Ella.

«Tú decías: 'Antes de conocer a Amma', pero no existe tal cosa; todos los hijos de Amma conocieron a Amma hace mucho tiempo y, aunque ninguno es consciente de ello, la protección de Amma siempre estuvo ahí. Habiendo seguido las instrucciones que les fueron dadas en vidas anteriores, las personas sienten la gracia de Dios. Incluso aunque haga poco tiempo que estén siguiendo las instrucciones de un Maestro o cumpliendo alguna disciplina espiritual (*sadhana*) en esta encarnación, pueden recibir la gracia debido a méritos que adquirieron en una encarnación anterior.

«No veréis a Amma dando ninguna instrucción a esos devotos porque las instrucciones ya les fueron dadas. Puede que no les veáis seguir las instrucciones porque ya lo han hecho. En una vida anterior acumularon méritos suficientes para que la gracia del *gurú* fluya hacia ellos en este nacimiento. En este caso el devoto tiene que haber hecho lo que se supone que debía hacer y ahora está listo para recibir el fruto, para fructificar. Si el *mahatma* (Gran alma-Maestro) decide que el fruto de su acción debe serle concedido al devoto ahora, en esta vida, en una particular ocasión, ello ocurrirá. El *gurú* es quién concede el fruto de la acción de uno. Él sabe cuando concederlo. Vosotros veis solamente una pequeñísima parte de la vida, recordad que esta vida vuestra es solo una parte infinitesimal de vuestra vida total. No evaluéis las cosas mirando solo esta pequeña porción, por otra parte, vosotros veis las acciones del *mahatma* solo desde fuera y así, ¿cómo podéis juzgar? El *mahatma* es el único que lo conoce todo acerca del pasado, el presente y el futuro. Por lo tanto, no hagáis juicio acerca del *mahatma* o acerca de si otras personas merecen o no la gracia del *gurú*. Una vez seguidas las instrucciones del *gurú*, los resultados llevan a la obtención del fruto, porque es una deuda que Amma debe pagar, por así decirlo.

«Hijo, no intentes juzgar las cosas antes de comprenderlas en profundidad. No sabes cómo penetrar en ellas debido a que siempre has estado en la superficie. Para lograrlo se necesita una mente sutil, un ojo sutil y una mente en calma. Una mente vacilante no puede penetrar, solo una mente en calma puede hacerlo.

«Hijo, deberías aproximarte a todos los devotos que vienen aquí, dirigirte a todos los residentes del *ashram*. Pregúntales sobre su relación con Amma. Intenta averiguar cuándo conocieron a la Madre y desde cuándo están con Ella, pregúntales acerca de sus sentimientos. Todos sin excepción te dirán: 'Vine en tal fecha, he estado aquí durante los últimos ocho, nueve o diez años' y también te dirán: 'Sin embargo siento que mi relación con Amma ha existido durante varias vidas, en cuanto la conocí tuve esta sensación. También Amma actuó conmigo con una gran familiaridad, como si ya me conociese'.

«Tú sientes lo mismo, ¿no es así?, ¿por qué? ¿Existe esta sensación de familiaridad en todas las relaciones? No, no existe.

Normalmente, cuando encontramos a alguien, llegar a conocerle nos lleva tiempo. Se suele tener la sensación de que la otra persona es un extraño para uno y de que uno es un extraño para él también. Pero ninguno de los niños de la Madre dice que Amma es una extraña para él o que Amma actúa como una extraña. ¿Por qué?, porque Amma ha estado siempre con vosotros, Amma nunca los ha dejado.

«Todos vosotros tenéis en vuestro interior la experiencia de haber estado antes con Amma. Está dormida, inmanifestada. Cuando llegue el momento correcto, se manifestará.

«Hijos, otorgar una bendición o manifestar gracia hacia alguien depende totalmente del *mahatma* o *gurú*. Es algo que Él puede hacer en el momento en que lo desee, o puede también dejar de hacerlo si así lo desea. La gracia es un extraño fenómeno, uno no puede decir cuando, donde o cómo llegará. Los cálculos humanos fallan totalmente en todo lo referente a la gracia. El *gurú* puede, si así lo desea, conceder en un instante la bendición de la realización del Ser a un extraño que no haya estado cumpliendo con ninguna disciplina espiritual. Puede también no concedérsela a una persona que haya estado haciendo intensa *sadhana* durante largo tiempo. La Madre no está diciendo que un *mahatma* vaya a negar la gracia a un *sadhak* que sea merecedor de ella. Está simplemente recalcando que está en su poder el concederla o el no concederla. Un *mahatma* puede fácilmente bendecir a alguien concediéndole aquello que más deseaba en su vida. Podemos intentar averiguar por qué se bendice tanto a una persona cuando nosotros no vemos en ella ningún mérito, pero tal investigación para encontrar la razón o causa continuará siendo un misterio total para nosotros, mortales seres humanos que no podemos ir más allá del intelecto. Algunas veces no existirá para ello causa alguna; el *gurú* lo hace, simplemente. Por eso, a fin de obtener esta gracia, llorad, rogad y aferraos a los pies del *gurú*, ocurra lo que ocurra.»

El *darshan* continuó mientras la gente continuaba llegando para precipitarse en el amoroso abrazo de la Madre y vaciar en Ella su corazón. Los devotos cantaron:

Samsara dukha samanam

Oh Madre del universo
Tú que disipas el dolor de la transmigración
Tu bendita mano es
Nuestro único refugio y cobijo.

Tú eres el refugio de las almas ciegas y perdidas
El recuerdo de tus pies de loto
Nos protege del peligro.

La meditación en tu nombre y forma
Es la única salida del infeliz estado
De todos los que viven en la confusión
Y se debaten en la oscuridad,

Deposita en mi mente una mirada
De tus hermosos ojos resplandecientes,
Oh Madre, tu gracia es el único medio
De alcanzar tus pies de loto.

Cuando la canción terminó hubo un breve silencio, después Amma volvió a tomar la palabra: «El destino de una persona puede ser cambiado gracias al poder del *mahatma*, a través del trabajo de un santo. He aquí una historia que lo ilustra:

« Había una vez unos ardientes devotos del Señor Vishnu que, tras varios años de matrimonio no habían sido aún bendecidos con ningún hijo. El esposo realizó intensas *tapas* (penitencia) para tener un hijo, pero la pareja continuó sin descendencia. Un día conoció al sabio Narada que pasaba por el pueblo en el que ellos vivían. En cuanto supo que el sabio se dirigía a Vaikunta para acudir al *darshan* del Señor Vishnu, el devoto encargó a Narada que rogase al Señor para que su mujer y él fuesen bendecidos con un niño, y le preguntase cuándo podría recibir dicha bendición.

«Cuando llegó a Vaikunta, Narada se apresuró a transmitir al Señor el mensaje del devoto. El Señor Vishnu dijo que el devoto no estaba destinado a tener ningún hijo durante esta vida. Esta respuesta era tan decepcionante que Narada no quiso explicar al devoto lo que el Señor había dicho, así que no le comunicó la mala noticia.

«Años más tarde, Narada pasó de nuevo por el mismo pueblo. Fue a visitar la casa del devoto y cual no sería su sorpresa al encontrar a tres niños jugando en el patio. Cuando le dijeron que eran los hijos del devoto, Narada preguntó al hombre cómo era posible que él hubiese tenido aquellos tres niños.

«El devoto explicó a Narada que poco después de que él pasase por el pueblo la primera vez, tuvo la fortuna de conocer a un santo y de servirle. 'Satisfecho de mis servicios', le explicó el devoto, 'el santo me dijo que pidiese una gracia, por supuesto, yo pedí un hijo y el santo me dijo que tendría tres. Así es como estos niños llegaron a mi vida'.

Narada salió inmediatamente hacia Vaikunta y acusó al Señor Vishnu de no haberle dicho la verdad: 'Hace unos años, cuando te pedí que le dieses un hijo a cierto devoto, tú me dijiste que él no estaba destinado a tener hijos, ¡y ahora tiene tres!'.

«Antes incluso de que Narada tuviese la oportunidad de decir nada acerca del santo, el Señor Vishnu se puso a reír y dijo: 'Eso debe de ser obra de un santo, porque solo los santos pueden cambiar el destino de uno'.

«Hijos, las grandes almas (*mahatmas*) pueden conceder bendiciones que ni siquiera Dios puede dar. Dios es sin nombre y sin forma; no puede ser visto. Los *mahatmas* son quienes dan realidad a la existencia de Dios. En su presencia, la gente puede ver, sentir y experimentar a Dios. Son los que bendicen a la gente con una experiencia tangible de Dios. Ellos llevan a cabo la inmensa renuncia de dejar la Suprema Morada de la Bienaventuranza para vivir entre la gente corriente, como uno más entre ellos, aunque permaneciendo en eterna unión.

A continuación surgió otra pregunta: «Amma, algunas personas que antes no eran creyentes, se convierten en ardientes devotos después de conocerte, ¿Cómo es posible?»

Amma respondió: «Hijos, es verdad que pueden no creer durante un tiempo, ese es su karma, pero llegado cierto punto creerán en Dios con toda seguridad. Estas personas, los no creyentes que se convierten de pronto en ardientes devotos tras conocer a Amma, han adquirido ese aspecto exterior de ateos solo en el espacio de tiempo de esta vida, a causa de las circunstancias y condiciones en que nacieron. Sin embargo, en lo más profundo de su interior poseen el samskara espiritual heredado de nacimientos previos y que, finalmente, predominará. Comparadas con las características de ateísmo que han acumulado en esta vida o en la vida anterior, las latentes samskaras espirituales, las cualidades del devoto, llegan a ser más fuertes. Cuando se agotan los rasgos de no-creyente, la fe que había en su interior se manifestará; es solo cuestión de tiempo. La inmanifestada devoción se manifiesta cuando se encuentran con el Maestro Perfecto o cuando son expuestos a un encuentro o situación similar. En ese momento las tendencias más débiles ceden paso a las espirituales, más fuertes. Estas personas deberán hacer aún *sadhana* bajo la guía de un Maestro Perfecto para poder eliminar completamente las tendencias acumuladas en esta y en las anteriores vidas. Recordad que ellos tendrán todavía *vasanas*, sobre las que trabajar. La sola diferencia es que el samskara espiritual será un poco más fuerte que los *vasanas*. Este más fuerte samskara les ayuda a acercarse más y más al *mahatma* o a Dios. Pero un *mahatma*, si lo desea, puede también producir una gran transformación en alguien no-creyente que no posee ninguna disposición previa heredada de un nacimiento anterior. Nada es imposible para un *mahatma*.

Amma indicó a los *brahmacharis* que cantasen. Ellos cantaron.

Kerunnen manasam Amma

Oh Amma, mi mente está llorando
Oh Madre mía, ¿no tienes oídos para oírla?
Con el corazón dolorido, vagué
Por toda la tierra buscándote.
¿Por qué tardas en aparecer ante mi?
Oh Madre, ¿qué puedo hacer?

¿Qué pecado cometió este ser débil e indefenso,
Para que muestres tal indiferencia hacia él?
Oh Madre, quisiera bañar tus pies de loto
Con mis ardientes lágrimas.

Oh Madre, estoy cansado de esta carga insoportable:
Los frutos de acciones pasadas.
Oh Madre, no tardes ya en dar refugio
A este completamente agotado y humilde servidor tuyo.

Los *brahmacharis* cantaron la canción con tal intensidad y devoción que Amma entró en *samadhi*. Sentada inmóvil, con los ojos cerrados, su mano derecha y su mano izquierda adoptaron dos diferentes mudras divinos. Durante unos minutos se hizo un silencio total mientras los devotos contemplaban el rostro de la Madre con respeto y devoción. El silencio fue roto por los *brahmacharis* cantando Hari Om...Hari Om... Todo el mundo respondió. La atmósfera estaba saturada de una divina energía espiritual.

Actuar con discriminación

Lunes, 9 de julio de 1984

Esa mañana Amma estaba sentada en el comedor situado en la cara norte del templo. Era la hora del desayuno y le pidió a Gayatri que cortase unas pocas hojas del árbol del pan (artocárpeo). La gente de los pueblos del norte de Kerala tienen la costumbre de doblar las hojas de este árbol de una forma especial y utilizarlas como cuchara para tomar kanji u otro alimento líquido. Gayatri salió y regresó al poco con diez o quince hojas. Al ver tantas hojas en las manos de Gayatri Amma exclamó: «¡Qué gran falta has cometido! Te pedí que trajeses unas cuantas hojas, las suficientes para cinco personas; has destruido vida innecesariamente y eso es un pecado. Has hecho algo incorrecto, ¿cómo has podido hacer algo así? Toda acción que se lleva a cabo sin la correcta discriminación es *adharma*. ¿Qué has aprendido después de tantos años de estar con Amma? Uno comete faltas como esta cuando no tiene amor ni compasión en su interior. Tú no sentiste el latido de la vida en esas hojas, por eso no sentiste ninguna compasión por ellas. La falta de compasión facilita la destrucción de la vida. Cuando no sientes compasión, no te importan los demás. Eso indica que tampoco tienes fe porque la compasión es una extensión de la fe, fe en la existencia de vida en todo. Tal falta de fe y de *sraddha* te lleva a actuar indiscriminadamente. Al arrancar más hojas de las necesarias, has actuado sin ninguna discriminación.»

Hubo una pausa. Amma miró a Gayatri. Esta deseaba preguntar algo a la Madre pero no se atrevía a abrir la boca. Amma continuó: «Gayatri-mol esta pensando: '¿Como es posible que arrancar unas cuantas hojas de más sea *adharma*, mientras que arrancar cinco no lo es? ¿Por qué no constituye *adharma* arrancar cinco?'» Gayatri se asombró al oír estas palabras, ya que era exactamente lo que quería preguntarle a Amma y no se atrevía.

De vez en cuando, la naturaleza omnisciente del *mahatma* se revela. Aún incluso las personas que tienen una relación muy cercana con los *mahatmas* no consiguen comprenderlos bien. Puede que hayan tenido cientos de incidentes y experiencias que les hayan convencido plenamente de la naturaleza omnisciente y omnipresente del *mahatma* pero, aun así, muchas veces se llega a dudar. Desde luego, tal como Amma afirma: «Fe completa es auto-realización.» El poder del Mahamaya o de la Gran Ilusión es inexplicable. La gruesa cortina de los *vasanas* hace muy difícil que nos sumerjamos profundamente en la conciencia del *gurú* o del *mahatma*.

Amma respondió al pensamiento de Gayatri: «Toda acción ejecutada sin discriminación es *adharma*, y una acción incorrecta constituye un pecado. Cuando algo se desperdicia debido a nuestra falta de cuidado y atención, es un pecado. Los objetos fueron creados para ser utilizados, cada uno de ellos tiene un propósito determinado. Sin la interdependencia de las cosas, el mundo no podría existir. Las plantas y los árboles no podrían existir sin la tierra, los animales dependen de las plantas y de otros animales para alimentarse, los seres humanos dependen de ambos, de las plantas y de los animales; por lo tanto, la existencia del mundo entero no es otra cosa más que una historia de interdependencias.

«Es correcto utilizar aquello que es necesario para la subsistencia humana. Si solo necesitas dos patatas, coge dos y no tres. Suponed que dos patatas son suficientes para cocinar un plato; si utilizáis tres estáis actuando indiscriminadamente, estáis cometiendo una acción adhármica.

«Este derroche también puede considerarse como un robo. Ya que no estas utilizando realmente la tercera patata, la estás malgastando inútilmente. En realidad solo necesitabas dos, la tercera está de más. Hubieses podido dársela a otra persona, quizás a tu vecino que no tiene nada que comer. Podría decirse que al coger una patata de más le estás negando a él la comida, le estás robando su comida; al hacerlo estás cometiendo una acción incorrecta.

«Arrancar unas cuantas hojas, las suficientes para cinco personas, no hubiese estado mal, pero tú arrancaste diez más; eso lo cambia todo. Tu acción fue adhármica: En primer lugar destruiste innecesariamente la vida de diez hojas. En segundo lugar, se las negaste a otra persona; diez hojas se perdieron porque tú actuaste sin pensar.»

Uno de los *brahmacharis* dijo: «Amma está expresando exactamente el mismo principio que Krishna en el Bhagavad Gita. Sri Krishna llamó 'stenha' (ladrón) a la gente que acumula cosas y no se las da a los necesitados.»

Amma continuó: «Exactamente, ¿qué otra cosa pueden ser? Las personas que guardan más cosas de las que necesitan sin dar nada a otras que realmente las necesitan, son verdaderamente ladrones. Su afán de acumular es la causa de que otros atraquen y roben. Amma supo de un *mahatma* que fue nombrado magistrado del país. La forma en que resolvió el primer caso que se presentó ante él fue muy poco usual ya que ordenó encarcelar tanto al ladrón como a la persona que había sido robada. Cuando el rey le preguntó por ese curioso castigo el *mahatma* dijo: 'El rico había acumulado demasiada riqueza, no le daba el uso apropiado ni la distribuía entre aquellos que podía. Hay demasiada gente que padece hambre, que muere por falta de alimentos, ropa de abrigo y un techo bajo el que guarecerse. De hecho, el hombre rico debería estar agradecido al ladrón por no haberle matado.'

«Entonces añadió, 'La verdad es que me siento un poco culpable por haberles castigado a los dos en igual medida, debería haber castigado más duramente al hombre rico ya que es el culpable de que el ladrón robase. Si hubiese distribuido lo que no necesitaba entre los pobres y necesitados, eso no hubiese ocurrido. Por eso me siento un poco culpable.'»

Tras su explicación, que invitaba a la reflexión, seguida de esta interesante historia, Amma permaneció sentada en el comedor durante unos minutos más mientras mantenía una conversación ligera. Después regresó a su habitación.

Penetrar bajo la superficie

Hacia las once de la mañana Amma estaba dando *darshan* en la cabaña.

Mientras Ella recibía a los devotos, uno de los *brahmacharis* que estaba sentado cerca le hizo una pregunta: «Amma, el otro día te oí decir que no sabemos cómo penetrar (en las cosas), que estamos siempre en la superficie. Dijiste también que para poder penetrar son necesarias una mente sutil y un ojo sutil. ¿A que te refieres al decir penetrar?, ¿podrías explicarlo?».

Amma respondió: «Es naturaleza de la mente humana el vacilar. Igual que el péndulo de un reloj, la mente va siempre de una cosa a otra, de una actitud o emoción a otra distinta; este movimiento es constante. La mente siempre fluctúa, en un momento ama y al siguiente odia. A veces le gusta algo y al instante siguiente no le gusta. A veces, el péndulo de la mente se desplaza al enfado, después al deseo. No puede parar, no puede estar en calma. Su continuo movimiento impide ver la base estable e inamovible de la existencia, la naturaleza real de las cosas. El movimiento de la mente crea incesantes olas y estas olas, las ondulaciones de los pensamientos, todo lo nublan. Nada puede verse con claridad.

Este movimiento es como niebla que enturbia vuestra visión. Veis algo, pero no con claridad. No podéis ver bien a causa de una nube de pensamientos, por eso vuestra percepción es defectuosa. Emitís juicios acerca de lo que percibís, sin saber que vuestra visión está enturbiada; por eso hacéis juicios defectuosos y dais información errónea.

«Cada pensamiento, cada desborde emocional y cada deseo son como piedrecillas lanzadas a las aguas del lago de la mente. Los incesantes pensamientos son como ondulaciones en la superficie de un lago. Una superficie agitada por esas pequeñas olas hace imposible que podáis ver a través del agua con claridad. No se puede ver bien lo que hay en el fondo del lago, se ve distorsionado por las ondulaciones de la superficie. Vosotros nunca permitís a la mente estar tranquila. Siempre existe el deseo ardiente de satisfacer un deseo, ira, envidia, amor o aversión; y si no ocurre nada en el presente aparecerán, deslizándose, memorias del pasado. Recuerdos dulces, recuerdos amargos, momentos felices, culpabilidad, deseo de venganza; algo aparecerá. Entonces, cuando el pasado se aleja, aparece el futuro con hermosos sueños y promesas. De esta forma la mente está siempre muy ocupada. Está siempre ocupada y nunca en calma.

«Hijos, lo que vosotros veis es solo la superficie. Percibís solo las olas de la superficie. Debido a este movimiento de la superficie creéis, erróneamente, que el fondo también se mueve. Pero el fondo está quieto, no puede moverse. Proyectáis el movimiento de la superficie --las ondulaciones provocadas por los pensamientos y las emociones-- sobre el fondo en calma, la base subyacente. El movimiento ocurre solo en la superficie, corresponde a la mente y está causado por las olas de los pensamientos; este movimiento nada tiene que ver con el fondo. Para poder ver ese fondo inmóvil y en calma es necesario que la superficie esté tranquila y silenciosa.

Las ondulaciones deben cesar, el vacilante péndulo de la mente debe detenerse. Esta quietud de la mente es llamada penetración.

«Una vez alcanzada esa tranquilidad ya es posible ver a través de la superficie. Dejan de verse imágenes distorsionadas y se contempla la base real de la existencia - la Verdad. Todas las dudas terminan. Llegado este punto, comprendes que habías estado viendo formas distorsionadas, que solo habías estado viendo nubes y sombras; es entonces cuando te das cuenta realmente de tu ignorancia. Antes de alcanzar este estado, puede que dijeses que eras ignorante, pero nunca eras realmente consciente de ello. Penetrar significa ver la naturaleza real de todas las cosas mientras se mora constantemente en el propio Ser.

«Observad los ojos de un verdadero *yogui*, de un verdadero santo; tienen ojos penetrantes, pueden ver a través vuestro. Cuando te miran no están mirando tu ilusoria y distorsionada forma; por el contrario están viendo tu naturaleza infinita, están mirando al Ser. No te ven a ti, al ego; ven más allá del ego. No ven el drama teatral, ven el inmóvil escenario en el que se lleva a cabo la representación. Esto significa que ven el drama como un drama, no le dan realidad. La representación puede detenerse en cualquier momento pero el escenario permanece. Contemplan y disfrutan de la representación pero nunca se identifican con ella.

El *Darshan* continuaba todavía a la una menos cuarto. Los *brahmacharis* cantaban:

Mannayi marayum

El hombre muere y desaparece en el polvo
Pero de nuevo nace y crece en la tierra.

Si realiza buenas acciones, podrá alcanzar
Un más alto rango, antes de regresar a la tierra de nuevo.

Enfermedad y vejez habrá de sufrir en la vida
¡Oh hombre piensa! ¿Vale la pena nacer y nacer?
¿Para qué sirven todas esas malas tendencias?

Una persona puede haber cometido muchas malas acciones,
Pero si sabe quién está tras este mundo,
Toda su negatividad desaparecerá, ciertamente
Y se sumergirá en el océano de bienaventuranza.

No añadáis nada a vuestro ego

Tras la canción, fue formulada otra pregunta: «Amma nos has dicho que, llegado cierto punto, nos daremos cuenta de que habíamos estado viendo solamente formas ilusorias y que experimentaremos la naturaleza real de las cosas cuando consigamos el estado de quietud. Será entonces cuando realmente tomaremos conciencia de nuestra ignorancia. ¿Qué es lo que quieres decir con: 'tomar conciencia de nuestra ignorancia'?».

Amma dijo: «Hijos, en el presente, todos nosotros vivimos en la ignorancia. Incluso los grandes estudiosos reconocen que son ignorantes. Cuando la gente reza o cuando se encuentran en presencia de una Gran Alma dicen: '¡Oh Señor!, soy solo un ignorante, por favor guíame. Yo no sé nada. Derrama tu gracia sobre mi...' Estas son las expresiones con que se suelen expresar las personas que dicen que son ignorantes pero, ¿cuántas de ellas saben realmente que son ignorantes?, ¿cuántas? Lo que Amma quiere decir es: ¿cuántas son realmente conscientes de su ignorancia? La gente no es consciente de ello. El ser consciente ayuda a la eliminación del ego. Pero la gente no puede eliminar su ignorancia debido a que no es consciente de ella. Aún en el caso de que puedan comprenderlo intelectualmente, continuarán pensando y sintiendo que son fantásticos; por lo tanto, no se dan cuenta de su ignorancia.

«Ignorancia significa ignorancia de la Realidad. El concepto de ignorancia que tiene la mayoría de la gente es diferente. Es creencia común que una persona ignorante es aquella que no ha estudiado, que no está educada. Los eruditos (de la India) dirían que una persona ignorante es la que no ha estudiado los *Vedas* o los *Upanishads* y que no conoce la ciencia moderna. Esta es la idea que los eruditos tienen de lo que es la ignorancia; por consiguiente, estudian. Leen todos los libros que pueden conseguir. Una vez educados, entonces, quieren hablar. Quieren enseñar a otros. Quieren hacer discursos. Quieren oyentes. Desean que se diga de ellos que son grandes sabios porque tienen profunda comprensión y conocimiento; quieren que la gente les adore; quieren convertirse en maestros. Todo esto, naturalmente, se añade a su ego. Su ego era pequeño antes de que aprendiesen tantas cosas, su carga era menor. Deshacerse de esa carga menor no representaba un trabajo muy duro, pero ahora la carga se ha hecho muy pesada, habrá que trabajar muy duro para poder tan solo resquebrajar un poco el gran y sólido ego.

«Aún así, esa gente rogará. Esas egoístas personas rezarán, no por humildad o amor, sino por temor. Mientras oran utilizan un florido lenguaje. En sus oraciones presentan ante Dios su ignorancia bellamente adornada. Piden la gracia de Dios para disolver su ignorancia y para encender en su interior la luz de la sabiduría. Frente a los demás simulan ser muy humildes. Después de hacer un largo discurso, ese tipo de persona repetirá una y otra vez lo ignorante que es y pretenderá ser humilde cuando la gente le aplauda o le alabe; pero en su interior estará feliz, y su ego se acrecentará más y más. Interiormente estallará de alegría porque los demás le consideran un sabio.

«Estas personas no son conscientes de su ignorancia. Simplemente dicen que son ignorantes, pero no lo sienten, en realidad están convencidas de que son maravillosas. Creen que su conocimiento de las Escrituras es el verdadero conocimiento; para ellos aprender es un adorno, algo que se adquiere para ponerlo en un aparador. Como resultado, la persona que piensa y actúa así adquiere un ego elevado. Su ego se abotarga y ya no es capaz de sentir su peso, esto es muy importante. Hay que sentir la pesadez del propio ego. Cuanto más se siente al ego como una carga, más intenso será el anhelo de descargarse de él, de librarse de él.

Pero la mayoría de las personas no sienten que su ego sea una carga, piensan que es algo necesario. Creen que el ego adorna su personalidad, que es lo que les da hermosura y encanto. Recordad, una persona puede seguir diciendo que no es nadie, que no es nada, pero ¡intentad tocar su ego..! Basta poner un dedo sobre él para desenmascarar lo identificada que está esa persona con su ego. Entrará en erupción como un volcán y la lava de protestas comenzará a fluir. Reaccionará con una total identificación con su ego. ¿Cómo, gente así, puede realizar la verdad acerca de su ignorancia? Es difícil, es muy difícil». Y la Madre añadió tranquilamente: «Se necesita un mazo para romper el ego de una persona así».

Todos se echaron a reír y Amma rió también. Hubo una pausa y Ella continuó: «De hecho, esta es una de las cosas más importantes que hay que comprender. Uno tiene que saber realmente que es egocéntrico. Una persona tiene que sentir a su ego como una carga; debe darse cuenta de su ignorancia. Debe saber que, hasta que no se es lo suficientemente sutil para ir más allá de las palabras y ver la verdad real, el conocimiento obtenido en los libros no es verdadero conocimiento y que lo aprendido de esta forma no hace sino añadir fuerza al ego.

«Incluso las personas egocéntricas rezan usando palabras iguales o similares a las de los verdaderos devotos, pero sus oraciones no brotan de su corazón, solo pronuncian palabras. Por fuera parecen grandes devotos y pueden pronunciar hermosas palabras sobre espiritualidad, pero poseen un ego muy fuerte, sutil y muy difícil de romper. Oran y se sientan en postura meditativa, pero en su interior solo dejan a su mente vagar. Tal actitud es la peor clase de ignorancia. Una persona así no puede darse cuenta de lo ignorante que es.

Esto recuerda un incidente que ocurrió en 1981. Un día Amma estaba sentada al borde del canal del extremo suroeste del *ashram*. En aquél tiempo desde allí se podía apreciar una bonita vista sobre el mar. Con Amma se encontraban sus padres, unos cuantos *brahmacharis* y algunos devotos del vecindario. Estaban discutiendo cuestiones prácticas referentes al *ashram* cuando un visitante de distinguida apariencia se acercó a ellos. De mediana edad, se trataba obviamente de un hombre de recursos. Después de presentar sus respetos a Amma y de saludar a los presentes, tomó asiento y comenzó a explicar el propósito de su visita.

«Estoy realizando un viaje espiritual,» dijo, «llamadle una peregrinación si lo preferís. He llegado a comprender que la vida no es vida hasta que uno encuentra su auténtico significado, el verdadero motivo por el que estamos aquí en esta tierra. Todos los antiguos santos y sabios de India dicen que estamos aquí para alcanzar el objetivo final de la auto-realización. Por lo tanto ahora, después de haber vivido una vida en la que he sido bendecido con el éxito económico, poseo tanto los medios como el tiempo para satisfacer mi sola pasión en la vida: la búsqueda espiritual.»

El caballero continuó filosofando; hablaba elocuentemente, parecía que deseaba que todos supiesen lo docto que era, que intentaba que los demás se convenciesen de la sinceridad de su búsqueda de la verdad. «Por lo que a mi respecta», dijo, «la *sadhana* más importante es la meditación. Solo en meditación puedo establecer una auténtica relación con Dios, ya que Dios me conoce mejor que nadie, mejor incluso de lo que yo me conozco a mi mismo.»

El hombre continuó así durante un rato, mientras sus palabras eran acompañadas por movimientos de cabeza afirmativos por parte de los presentes, ya que parecía ser versado y erudito en lo que decía. Amma sonreía mientras le escuchaba.

Animado por el distendido ambiente, miró lentamente a su alrededor y dijo, «En los ashrams me siento como en casa, ¡he visitado tantos! ¡Ah! que sensación de paz hay aquí, ¿podría quedarme unos días para meditar?» Con estas palabras se sentó en postura de loto, cerró los ojos y empezó a meditar. Entonces *brahmachari* Nealu acabó de tratar con Amma ciertos asuntos del *ashram*. Cuando su breve conversación terminó, Amma se levantó y todos se postraron ante Ella. El hombre parecía encontrarse en profundo estado de meditación. Al pasar por su lado, Amma le puso la mano sobre la cabeza y le dio una buena sacudida mientras decía: «¿Todavía estás regateando en esa compra de madera de teca?», y siguió caminando.

El hombre se sobresaltó, estaba obviamente conmocionado, ya no podía meditar más. Se puso en pie nervioso y molesto. Mientras caminaba de aquí para allá preguntó varias veces a los *brahmacharis* si podía tener una entrevista personal con Amma. Justo antes de comenzar los *bhajans* de la noche Amma accedió a su petición. Se supo después que ese hombre era un tratante en maderas que comerciaba con teca en el norte de Kerala. Durante las dos últimas semanas había estado intentando adquirir una partida de madera de teca de gran calidad; él había hecho una oferta pero el vendedor pedía un precio mayor. Le explicó a Amma, con toda sinceridad, que justo en el momento en que Ella puso su mano sobre él para sacudirle, en su mente sucedía exactamente lo que la Madre había dicho: estaba regateando con el vendedor.

El hombre tenía remordimientos por sus pretensiones y pidió a Amma que le perdonase. «Ahora sé que eres realmente una gran santa, Amma. Tú sabías todo el tiempo que yo estaba hablando de mis fantasías sobre ser un buscador espiritual. Tú me has hecho humilde, Amma. Ya no deseo ser pretencioso respecto a la espiritualidad nunca más. Oh Amma, te lo ruego, ayúdame a ser honesto conmigo mismo: Yo sé que Tú puedes ayudarme.»

Más tarde, después de que el hombre abandonase el *ashram*, algunos *brahmacharis* hablaban del incidente, burlándose de sus pretensiones. Cuando ello llegó a oídos de Amma, Ella les reprendió con un afilado comentario acerca de su actitud: «No presumáis tanto, al fin y al cabo por el momento vosotros no sois muy diferentes de él. «¿Quién es el que puede dejar de cavilar cuando existen tantos sueños acumulados en el interior? «

El *Darshan* continuaba aún cuando los *brahmacharis* comenzaron otro canto al Divino Nombre:

Devi mahesvariye

Oh divina Madre, gran diosa
cuya naturaleza es la ilusión.
Oh creadora y causa del universo,
yo me postro ante ti sin cesar.

Oh emperatriz del universo de oscura cabellera
Oh gran Maya de hermosos miembros
Oh diosa suprema
Tú eres la amiga de los devotos
Dándoles tanto la esclavitud como la liberación.

De quién toda cosa ha nacido,
por quién todos son guiados,
a quién todos regresaremos..
Tú eres la diosa de la misericordia!

Mientras continuaba la canción, la Madre entró en un estado de absorción interna sentada en el pitam de la cabaña. ¡Qué incomprensible fenómeno! Unos minutos antes había estado pronunciando grandes palabras de sabiduría. De pronto, sin avisar, ¡se había ido! Ella ya no se encontraba en este mundo. Se hizo el silencio en la multitud y una profunda sensación de paz llenó la cabaña. Inspirados por el estado de beatitud de Amma, los devotos entraron fácilmente en meditación.

El testigo

Tras elevarse y permanecer durante unos minutos en las más altas cumbres de la sabiduría espiritual, Amma descendió y comenzó a dar de nuevo su *darshan* a los devotos allí reunidos. Otro *brahmachari* le hizo una pregunta: «Amma, acabas de decir que cuando un santo dirige su mirada hacia nosotros, está realmente mirando hacia la infinita conciencia, no al exterior. Pero a veces, cuando un santo nos habla, nos descubre cosas sobre nuestro futuro o pasado, cosas que están relacionadas con nuestra forma física. Tú misma haces eso, Amma. ¿Cómo puede un santo hablar así sin ver nuestra forma externa?»

La Madre respondió: «Una vez más la Madre dice que el santo solo ve el Ser infinito, no a la persona. Si, puede hablar contigo, ¿y eso qué? Cuando habla contigo, Él es solo un testigo. Él habla solo porque ello te beneficia, porque tú obtienes inspiración de sus palabras. A través de sus palabras puedes tener un atisbo de la realidad. De otro modo prefiere permanecer en silencio. Él es silencio. Así que, cuando un santo habla, Él no habla realmente; su cuerpo habla y Él lo observa como un testigo. Cuando el santo duerme, no duerme realmente; solo observa el sueño de su cuerpo. Cuando trabaja, no está trabajando; más bien observa como su cuerpo trabaja. Él es simplemente presencia, una constante presencia; un testigo de todo lo que ocurre a su cuerpo y a lo que le rodea.

«Si el santo enferma, sale de su cuerpo y observa el gran dolor que este experimenta. Si es insultado o ultrajado por otros, de nuevo sale de su cuerpo y observa; es testigo del problema en que su cuerpo está involucrado. Entonces ya puede reírse de los insultos que se le dirigen. Puede reírse de las agrias miradas y palabras que le son dirigidas. Ha dejado de ser el cuerpo; Él es conciencia y, ¿cómo va a enfadarse la conciencia?, ¿cómo puede la conciencia ser insultada?, ¡imposible! El santo es conciencia, por eso no se ve afectado por los insultos ni por el enfado.

«Cuando el santo te mira ve tu forma, tu apariencia física. No porque tu cuerpo esté sentado frente a él, ni porque Él tenga los ojos completamente abiertos, sino porque quiere ver tu forma. Si no quiere verte no te verá. Él es dueño de su mente, no su esclavo. Nosotros somos los que estamos esclavizados por la mente.

«Si el santo te mira y ve tu forma, es solo porque lo desea, pero puede dejar de verte aunque tú sigas sentado frente a Él y continúe teniendo los ojos abiertos. ¿Qué pasa si descubre tu pasado, presente o futuro?, ¿porqué es tan asombroso? Si Él lo desea puede hablaros del pasado, presente y futuro de todo el universo porque Él es el universo. El universo está en Él, el universo es como una burbuja en su existencia. El mirar al universo y hacer unas predicciones no supone nada especial para Él; Él es el océano de existencia y el universo es como una burbuja o una pequeña ola en Él. Si te dice algo sobre ti, Él continua siendo un desapegado testigo de lo que está diciendo. Pero normalmente no se ocupa en este tipo de revelaciones. No se dedica a hablar de lo que ocurre en el mundo; está constantemente en meditación.

Pero la palabra 'meditación' puede dar lugar a malas interpretaciones. No comparéis vuestra meditación con la de los santos, vuestra meditación no es meditación. Vuestra meditación es un constante esfuerzo, una lucha por conseguir el estado de meditación. Pero el santo se encuentra siempre en este estado. Esté caminando, sentado, durmiendo, comiendo o hablando, siempre está en profunda meditación. No hay ningún momento en el que no esté meditando, en que no more en su propio Ser.

Así, al vivir en su propio Ser infinito, el santo puede ver el Ser infinito en todos los demás. No es una contradicción decir que Él ve la forma de otra persona, porque lo hace solo si desea verla. Puede entrar en su cuerpo y tomar parte en el juego, o abandonarlo a voluntad. Puede dejar que sus sentidos vean, hablen, coman, corran, rían o duerman, pero también puede abandonarlos en el momento que lo desee. Haga lo que haga, el *mahatma* siempre reside en su propio Ser, viéndolo todo como su propio Ser. No se identifica nunca con su propio cuerpo; simplemente observa. Está constantemente contemplando. Contempla lo que ocurre a su alrededor, deja que su cuerpo participe en ello y lo abandona a voluntad. Pero, aún cuando está participando, en realidad no lo hace; sabe que la única realidad es el Ser infinito.

La Madre dejó de hablar durante un rato y los devotos permanecieron sentados en silencio, empapándose de lo que Ella acababa de decir. El silencio fue interrumpido por la misma persona de edad que había hablado antes: «Las palabras de Amma me recuerdan un verso del Bhagavad Gita.» y procedió a citar, en sánscrito, la *sloka* correspondiente al capítulo quinto, versos 8-9.

Naiva kimcit karômiti
yuktô manyeta tattva-vit /
pasyan srnvan sprsan jighrann
asnan gacchan svasan svapan //

Pralapan visrjan grhnann
unmisan nimisann api /
indriyânindriyârthesu
vartante iti dhârayan //

*El sabio, centrado en el Ser, se percata: «Yo no hago
absolutamente nada.» Viendo, oyendo, tocando, oliendo,
comiendo, caminando, vaciando, sujetando, abriendo y
cerrando los ojos, está seguro de que solo los sentidos están
ocupados con sus objetos.*

Amma continuó, «De acuerdo, entonces... ¿dónde estábamos?
Si, el santo puede salir y volver cuando quiere. Si lo desea puede
mirar y ver, si no quiere hacerlo, permanecerá en su propio Ser
interior. Con el Universo entero girando en su interior, ¿hay algo
imposible para Él?

«Escuchad esta anécdota. Un leñador estaba cortando leña
cuando un hombre se le acercó. 'Perdóneme, pero una gran procesión acaba de pasar. ¿Podría decirme hacia donde ha ido?' El
leñador le miró y dijo: 'Yo no he visto ninguna procesión' e inmediatamente volvió a su trabajo. Este es el estado de un *mahatma*.
Su mente está inmóvil, no ve ni oye nada, Al mismo tiempo, si lo
desea, puede dejar entrar al mundo. Puede oír y ver lo que quiera
y después regresar a su interior de nuevo. Está tanto aquí en el
mundo como allí en lo último; pero el mundo no puede tocarle.
El mundo no puede engañarle ni mancharle. Aunque lo haga
todo, el mundo no le toca.»

Esto hizo surgir otra pregunta: «¿Cómo puede hacer eso?,
¿Cómo le es posible ir y venir a lo Ultimo a voluntad?»

La Madre respondió: «Cuando el yogui desconecta su mente,
la representación termina. Es como apagar una televisión; cuando
quieres ver un programa presionas el botón 'on', si quieres verlo
allí está, y cuando ya no quieres verlo presionas el botón del 'off'
y el programa desaparece. Los botones 'off ' y 'on' de la mente
están en manos del yogui, los controla perfectamente.

«Si tú tienes algo y eres capaz de desprenderte de ello en el
momento que lo desees, ¿qué significa? Significa que no estabas
apegado a ello. Tú no lo posees y ello no te ata; no te importa si

lo tienes o no. Eso es desapego. Así, el yogui se encuentra en el estado supremo del desapego.

«El yogui es como una pantalla de cine. La pantalla no proyecta la representación ni la vive, es simplemente la base subyacente sobre la que la acción tiene lugar. Simplemente es.

«Seguramente habréis oído hablar del sabio Veda Vyasa. Una vez, estaba él sentado en *samadhi* a orillas del río Yamuna. Las *Gopis* de Brindavan querían cruzar a la otra orilla, pero no podían hacerlo porque el río bajaba muy crecido. Se estaba haciendo oscuro y no encontraban la forma de cruzar. Finalmente vieron al santo que estaba sentado en meditación. Muy esperanzadas, se le acercaron y ofreciendo frutas y flores a sus pies le rogaron que las ayudase a cruzar el río. Veda Vyasa salió del *samadhi*; estaba muy complacido porque se dio cuenta de que eran grandes devotas, aceptó sus ofrendas y se comió todo.

«Cuando hubo terminado de comer las frutas, Veda Vyasa se compadeció de las Gopis y alzando la mano dijo: 'Si es cierto que yo no he comido ninguna de esas frutas, que las aguas del Yamuna se aparten y dejen paso a estas devotas Gopis' ¡Dicho y hecho!, las aguas se apartaron y las Gopis pudieron pasar a la otra orilla. Esto es exactamente lo que la Madre ha dicho. Cuando come, el sabio Vyasa no come, y el hecho de que las aguas se apartasen es prueba de ello. Aunque él hiciese que las aguas del Yamuna se apartasen, él no hizo nada porque estaba en el supremo estado de desapego.

«Debido a que ves al santo comer, dormir y hablar, dices que come, duerme y habla. Es tu mente la que proyecta en él, porque tú comes, duermes y hablas. Ves solo lo externo, ves solo su cuerpo y crees que lo comprendes. Además, tú ves a alguien más haciendo lo mismo que tú, así que piensas que el yogui no es distinto a ti. Le atribuyes tus propios pensamientos y acciones aunque lo que tú percibes no tiene nada que ver con él. Sus pensamientos y sus acciones no son, en absoluto, como los tuyos. Tú no estás familiarizado con el desapego; solo sabes de ira, aversión, envidia y otras características negativas. Por eso, le aplicas también al santo estas características familiares. Interpretas de acuerdo con tus propios *vasanas*.

«Hijos, ¿conocéis esta historia? Había una vez un rey en cuya corte tenia dos grandes pintores. Existía entre ellos una gran rivalidad, por lo que el rey decidió organizar una competición. Les llamó y les dijo: 'Vamos a hacer una competición para ver cuál de los dos es mejor pintor. Presentaréis ambos una obra sobre el tema: 'paz'. El primer pintor pintó un tranquilo lago entre las montañas, no había ni una pequeña ondulación en la superficie de sus aguas. Por el mero hecho de mirar el lago la mente ya se tranquilizaba.

«El otro artista pintó una atronadora cascada llena de blanca espuma. Al lado mismo de la cascada había un pequeño arbusto en el que estaba posado un delicado pajarillo cuyos ojos estaban cerrados. Esto último es un ejemplo del silencio dinámico que puede existir en medio del ruidoso mundo. Ese es el magnífico estado del yogui. Él puede vivir lleno de paz incluso en medio del caos y el conflicto; permanece silencioso y no-afectado porque está absorto en profunda meditación. Aún viviendo en medio del mundo y la diversidad, el sabio está en meditación.»

Un devoto apuntó: «Este estado de Unidad es tan inexplicable que, a lo largo de todos los tiempos, las grandes almas han encontrado muy difícil describirlo con palabras»

«Tienes razón hijo mío», dijo Amma. «Es una tarea difícil porque la experiencia de la Verdad es tan plena, tan perfecta y tan desbordante, que las palabras no pueden contenerla. El intelecto no puede captarla. Si muchas experiencias subjetivas no pueden ser descritas verbalmente, ¿cómo va a ser posible hablar sobre la experiencia última de la Verdad? Esta debe de ser una de las razones por las cuales muchas de las Escrituras están escritas en forma de sutras o aforismos.

«Los *rishis* no querían hablar mucho. Parece que deseaban utilizar muy pocas palabras para describir sus experiencias. Incluso ellos, debieron encontrar difícil verbalizar sus experiencias y así, sintieron que los sutras serían la mejor forma de expresión. Puede que adivinasen que los eruditos iban a interpretar e intentar explicar todo lo que ellos escribiesen. Sabían, probablemente, que cada intérprete lo haría de forma diferente y que cada uno de ellos se inventaría muchas cosas, cosas que ellos mismos no habían ni siquiera soñado. Debieron figurarse que aunque ellos explicasen sus experiencias, la gente no se iba a quedar satisfecha y querrían mejorar las explicaciones de los *rishis* dándoles aun nuevas explicaciones. Tal vez por eso decidieron hablar tan poco.

«Por lo que vemos, eso es exactamente lo que sucedió. Tantos son los comentarios e interpretaciones que existen hoy en día sobre el Bhagavad Gita y otros textos escritos. Hace cientos de años que la gente escribe y escribe sobre espiritualidad; no pueden dejar de hacerlo. La cabeza de la gente está tan llena de cosas que quieren escribir, hablar, interpretar, explicar y discutir. Por lo general, ellos mismos se confunden y en su confusión hacen que otros se confundan también.»

Todo el mundo rió. El último de los devotos visitantes estaba recibiendo el *darshan* de Amma. Como ese día no había muchos visitantes, cada uno de los *brahmacharis* y otros residentes del *ashram* se acercaron a Amma para recibir sus bendiciones. Fue un *darshan* dulce y lento durante el cual Ella dedicó mucha atención a cada devoto.

Cuando el *darshan* llegaba a su fin, los *brahmacharis* entonaron la última canción:

Mauna ghanamritam

Morada del silencio infinito,
Eterna paz y hermosura
en la que la mente de Gautama Buda se disolvió.
Luz que destruye la esclavitud,
Rivera de beatitud que el pensamiento no alcanza,
Conocimiento que concede
perpetua ecuanimidad a la mente,
Morada sin principio ni fin,
Bienaventuranza que la mente experimenta
cuando su movimiento cesa,
Fuente del poder, morada de la infinita conciencia.
«Tú eres eso», el fin que ese aserto indica,
el fin que nos otorga la beatitud eterna del estado no-dual,
Ese que yo anhelo
y que solo mediante tu gracia puedo conseguir.

Eran casi las dos y nadie había comido todavía. Levantándose de su asiento, Amma llamó a unos cuantos *brahmacharis* y les pidió que organizasen lo necesario para que se sirviese comida a los devotos en el comedor.

Dijo: «Hijos, todos vosotros debéis tomar un almuerzo *prasad* antes de abandonar el *ashram*». Después miró a su alrededor como si estuviese buscando a alguien. Al no encontrar, aparentemente, a quién buscaba, Amma llamó a Gayatri que se encontraba fuera esperándola «¿Tienes plátanos arriba? Si hay, tráelos». Gayatri fue arriba y bajó con unas bananas, la Madre los partió y alimentó con ellos a cada uno de los devotos. Asegurándose de que todos habían recibido un trozo, Amma preguntó: «Hijos, ¿habéis recibido todos *prasad*?»

No hubo respuesta inmediata, pero al cabo de un rato un devoto dijo con voz tenue: «Parece ser que todo el mundo tiene,

Amma, pero nos sentimos siempre felices de recibir más *prasad* de tus manos. Es tan rara la oportunidad.»

Amma se dirigió hacia él y le tiró cariñosamente del pelo como hace una madre con su hijo travieso. Tras postrarse frente a sus hijos, Amma, seguida por Gayatri, abandonó la cabaña del *darshan* y fue directamente a su habitación. Los devotos, con el corazón lleno de felicidad y contentamiento se dirigieron hacia el comedor para almorzar.

ॐ

Capítulo 4

Eran aproximadamente las cinco y lloviznaba cuando la Madre bajó de su habitación. Gayatri sostenía un paraguas que intentaba mantener sobre la cabeza de Amma; sin embargo, Amma caminaba muy rápido y no permanecía mucho tiempo bajo él. Gayatri, siguiéndola, intentaba una y otra vez, sin mucho éxito, protegerla de la lluvia con el paraguas. Finalmente la Madre se volvió hacia ella y le dijo: «La Madre no quiere el paraguas, no se va a resfriar ni a coger fiebre, la Madre está acostumbrada. Quédatelo tú.»

Después, dirigiendo la mirada hacia los demás, incluyendo a Gayatri les dijo: «Hijos, no dejéis que la lluvia os caiga en la cabeza, podríais coger un resfriado.» Amma seguida por todos los residentes del *ashram* llegó hasta los servicios donde revisó cada uno de los baños y los retretes. A causa de la lluvia nadie se había ocupado mucho de ellos así que no estaban muy limpios. Sin decir una palabra Amma entró en uno de ellos y empezó a limpiarlo con una escobilla y un cubo de agua. Todos se precipitaron en busca de agua y escobas para limpiar con ellos el resto de los retretes. Sabían ya que les esperaba un mal trago, que iban a recibir una dura lección.

Escobas y cubos aparecieron rápidamente, pero, en cuanto uno de los residentes se disponía a entrar en un retrete se oyó la voz de la Madre: : «¡No!, ¡No! No os ocupéis de esto. Este no es vuestro trabajo. Vosotros estáis aquí para meditar, rezar y aprender. ¡Se supone que vosotros no debéis hacer este sucio trabajo!; la Madre lo hará, Ella está acostumbrada a hacer trabajos sucios. Hijos, todos vosotros venís de buenas familias, ¡no debéis hacer esto! Esto no es como meditar y rezar... No debéis hacer cosas que vosotros sentís distintas de la meditación. Todos estáis bañados y listos para los *bhajan* de la tarde. ¡No os ensuciéis!, id y meditad.»

115

Sus palabras, llenas de sarcasmo, hicieron palidecer a todos. Quedaron inmóviles como si estuviesen helados por el impacto de las palabras de Amma. Algunos sostenían en sus manos las escobillas, otros los cubos. Debido a lo que Amma había dicho, nadie se aventuró a entrar en los baños, no podían hacerlo. El mensaje escondido en las palabras de la Madre había penetrado profundamente en sus corazones. Permanecieron callados, con los brazos colgando y los cubos y las escobas en las manos. Amma limpió, por sí misma, todos los retretes y los baños. Era todo un espectáculo el ver a los residentes del *ashram* inmóviles como estatuas llevando en las manos las escobillas y los cubos. Si las circunstancias hubiesen sido otras, el verlos así hubiese sido ciertamente un buen motivo de broma.

Acabado el trabajo, Amma puso el cubo y la escoba en su sitio y salió sin decir nada más. Gayatri deseaba sinceramente seguirla pero tuvo miedo de hacerlo. Todavía lloviznaba cuando Amma llegó junto al compost del *ashram* donde se tumbó sobre la arena mojada. Al poco rato comenzó a llover con fuerza, como si las nubes cargadas de lluvia hubiesen estado esperando a Amma para descargar. Todos los residentes deseaban postrarse a sus pies para pedirle perdón, querían correr hasta Ella y pedirle que no se castigase a sí misma a causa de su negligencia; pero nadie tuvo la valentía de hacerlo.

La lluvia caía con fuerza mientras Amma continuaba echada sobre la arena; estaba completamente empapada. Los residentes permanecían de pié a cierta distancia hasta que uno de ellos no pudo soportarlo más y corrió hasta Ella gritando: «¡Amma!». Eso era lo que todos estaban esperando, que alguien tomase la iniciativa. Ahora que alguien lo había hecho, todo el grupo corrió hasta donde Amma se encontraba. El grito de «!Amma¡» resonó en el aire como si se tratase del coro de un gran drama; todo el mundo lloraba pidiendo a la Madre perdón por su falta, pero Ella no estaba allí. La Madre se encontraba muy lejos del reino del sonido y la palabra... Pasaron todavía unos minutos antes de que se diesen cuenta de que Amma se encontraba en profundo *samadhi*.

Aunque lo más habitual era que la Madre entrase en *samadhi* durante los *bhajans* o el *darshan* debido, aparentemente, a la beatitud de la devoción, había también ocasiones en las que sus estados de *samadhi* eran provocados por cierto tipo de problema o disgusto, por incidentes relacionados con el comportamiento negligente o inapropiado de sus hijos. Por alguna razón desconocida, este estado de *samadhi* duraba más que los otros. Una vez en 1979 Amma entró en el templo familiar y no salió de él en todo el día. Permaneció allí por muchas horas en un estado de completa inmovilidad. No se movió ni pestañeó, no se apreciaba en Ella el menor movimiento de respiración. Esto sucedió a consecuencia de una disputa entre los dos hermanos menores de Amma; Amma intentó intervenir, pero ellos no cejaron. Amma argumentó y suplicó pero ellos continuaron discutiendo hasta que su duelo verbal se hizo incontrolable. Llegado ese punto Amma entró corriendo en el templo, fue hasta un rincón y quedó absorta en profundo *samadhi*.

Este parecía ser un *samadhi* similar a aquél así que todos se sintieron muy preocupados. Algunos empezaron a llorar y a rezar y algunos de los *brahmacharis* comenzaron a cantar. La lluvia seguía cayendo, se trajeron paraguas pero, en realidad no conseguían proteger a Amma del efecto de la lluvia. Pasaron más de quince minutos, en el cuerpo de Amma no se apreciaba el menor movimiento, el miedo y la ansiedad aferró el corazón de todos. ¿Regresaría Amma de su *samadhi*?, ¿causaría la lluvia daño a su cuerpo?; todos estaban calados por la fuerte lluvia. Finalmente se decidió llevar a Amma a su habitación. Asistida por otras mujeres, Gayatri transportó a Amma por las escaleras hasta la habitación mientras que unos cuantos *brahmacharis* continuaban cantando.

Tras cambiar las mojadas ropas de Amma y secarla, Gayatri, Kunjumol y otras mujeres residentes en el *ashram* le dieron masaje; unos pocos *brahmacharis* entraron en la habitación y continuaron cantando, *Brahmachari* Pai, con gran emoción cantó unos himnos escritos por Sankaracharya...

Oh Madre, tienes en la tierra muchos hijos valiosos,
pero soy el más insignificante de ellos,
sin embargo, oh consorte de Shiva, Tu no me abandonarás,
Puesto que a veces puede nacer un mal hijo
pero nunca habrá una mala madre.

No existe pecador como yo,
ni destructor del pecado como Tú,
Oh Mahadevi, sabiéndolo
actúa como bien Te sienta.

El estado de *samadhi* continuó durante casi dos horas. Amma había dado instrucciones a un *brahmachari* sobre qué hacer durante sus estados de *samadhi*. El *brahmachari* no explicó cuales habían sido exactamente las instrucciones de Amma pero dijo: «Amma me dijo una vez que debíamos tener mucho cuidado si su *samadhi* duraba más de media hora. En ese caso deberíamos recitar el Divino Nombre o *mantras* hasta que volviese a su estado normal».

Hacia las siete y media de la tarde, la Madre regresó al plano terrenal de conciencia. Permaneció en el lecho, sus ojos traspasaban. Gayatri, Kunjumol y las otras mujeres continuaban dando masajes a su cuerpo. El sonido de los *bhajans* de la tarde surgió de la veranda del templo y la Madre abrió los ojos. No tenía aspecto de haber regresado completamente de su trascendente estado. Los *brahmacharis* que estaban aún en la habitación dejaron de cantar. Con un gesto Amma pidió a todos, excepto a Gayatri y Kunjumol que saliesen y cerrasen la puerta tras ellos. Preocupados aún por Amma, algunos de los *brahmacharis* deseaban quedarse sentados frente a la puerta, pero otros sintieron que era más conveniente que nadie permaneciese allí ya que, en caso de necesidad, Gayatri o Kunjumol buscarían a alguien. Así pues, se fueron todos abajo.

Dejó de llover solo al cabo de unos minutos luego que Amma fue transportada a su cuarto y poco después el cielo apareció totalmente despejado. El hecho de que la tormenta llegara tan repentinamente cuando Amma yacía sobre la arena, y que terminara tan pronto como fue llevada a su habitación, hizo aparecer todo el drama como un acto de Voluntad Divina. Mientras solo la Madre puede comprender las vastas dimensiones del poder divino, para los residentes presentes la tormenta aparecía intimamente relacionada con la lección que Amma les enseñaba.

La belleza del trabajo a través del amor

Martes, 10 de julio de 1984

Hacia las diez, después del desayuno, Amma llamó a todos los *brahmacharis*. Uno a uno se acercaron al cuarto de Amma. Gayatri, Kunjumol y Saumya también fueron llamadas. Una vez allí, Amma pidió a uno de ellos que cerrase la puerta. Cuando lo hubo hecho Amma cerró los ojos, juntó las palmas de las manos y tomó asiento en actitud de oración. Todos los *brahmacharis* observaban el rostro de Amma mientras lágrimas rodaban por sus mejillas. Amma abrió un momento los ojos, se secó las lágrimas con una toalla y los cerró de nuevo. De pronto comenzó a cantar:

Vedanta venanilude

¿Donde está la verdad del Gita
según la cual Tú ayudarás
al viajero solitario que se dirige a Brahman?

A pesar que yo estoy haciendo mi camino
por un sendero como los del bosque,
para lograr alcanzarte,
y para la paz de mi alma,
mi menta está colmada con dolor.

Oh amigo del sufriente,
mi corazón arde sin cesar en el deseo de algo,
y no sé lo que es.
¿No vas a intentar liberarme del dolor?

Oh Madre, Oh Bhagavati Devi,
¿Acaso no sabes que no existe la paz
si no nos sumergimos en tu Ser,
que puede encantar nuestras mentes?

No se trataba solo de un canto devocional. La expresión más profunda del corazón de Amma se desbordaba en la canción, cargando la atmósfera de un sentimiento de intenso anhelo. También los ojos de los *brahmacharis* se llenaron de lágrimas mientras el amor y la devoción saturaban la habitación. El rostro radiante de Amma y la forma en que se entregaba toda Ella en la canción afectó profundamente a todos, dejando una huella imborrable en la secreta cámara del corazón de cada cual.

Tras la canción se hizo un profundo silencio. Amma permaneció en actitud de meditación y todo el mundo respondió entrando a su vez en meditación espontánea. La meditación continuó hasta que todos fueron despertados por el mantra favorito de Amma, Om Namah Shivaya.

Inesperadamente, Amma preguntó: «¿Hace la Madre que sus hijos se sientan mal?» Se estaba refiriendo al incidente ocurrido en los baños el día anterior y que fue seguido por su estado de *samadhi*.

«Debemos recibir esas duras lecciones, pues de lo contrario no hay esperanza para nosotros», respondió uno de los *brahmacharis*.

«No creáis que Amma quería asustaros, sucedió así, sin más. A veces es incontrolable; ¡qué vamos hacer con esta pobre loca!»

«Estábamos todos muy preocupados por tu cuerpo físico, ¿por qué lo torturas por culpa de nuestros errores?», dijo otro *brahmachari*.

La respuesta de la Madre fue: «Esos son momentos de absoluta felicidad, en absoluto de tortura. Amma deseaba permanecer bajo la lluvia. No obstante, cuando sus hijos son muy descuidados, y Amma ve su carencia de *sraddha*, Amma se entristece. Esta tristeza la conduce, a veces, a un estado de absorción. Entonces Ella siente como de apartarse del mundo exterior. Cuando se mira el exterior es cuando se ven todas estas faltas, falta de atención y defectos. Entonces Amma piensa en apartar su mente de este mundo, de este mundo fenoménico. Ese solo pensamiento es suficiente para que se aleje de este espacio y permanezca ajena al tiempo. El solo pensamiento de que el mundo y el cuerpo son los culpables de todos estos problemas, hace que Amma cierre sus ojos a ambos.

«Hijos, el cuerpo de Amma se mantiene aquí solo para sus hijos y para el mundo. Debéis recordar siempre esta verdad. Debéis recordar siempre que mantener este cuerpo en este mundo no es nada fácil. En cualquier momento Amma puede poner fin a la existencia de este cuerpo en el mundo. La sinceridad de sus hijos y su perseverante intención por alcanzar su objetivo es lo que mantiene aquí a su cuerpo. La llamada de miles de sinceros buscadores y devotos de todo el mundo es lo que impulsa a este cuerpo a mantenerse aquí abajo en este plano de existencia. De otra manera, nada la retendría aquí, pues no existe ningún otro propósito. La comida y el sueño no suponen, en absoluto un problema para Amma. Ella no tiene nada que ver con los asuntos del mundo o con los bienes materiales. Amma se ha entrenado a si misma lo suficientemente bien como para soportar cualquier circunstancia, favorable o adversa

«Hijos, este *ashram* no es de Amma, este lugar existe para el mundo; os pertenece a vosotros, a todos los que venís aquí. La Madre, de hecho, no tiene ningún interés en establecer ashrams ni ningún otro tipo de institución. Ella no hubiese hecho nada de esto si no fuese para el mundo. Amma lo hace para ayudar al mundo. El mundo no tendría que estar lleno de personas egoístas. Tendría que haber unos pocos lugares en donde por lo menos un puñado de personas puedan trabajar y servir desinteresadamente. La belleza y el encanto del amor y el servicio desinteresado no deben desaparecer de la faz de esta tierra. El mundo debe saber que es posible llevar una vida de dedicación, que una vida inspirada en el amor y el servicio es algo posible.

«Hijos, Amma espera de vosotros que seáis afectuosos e inegoistas y muy cuidadosos en el cumplimiento de vuestras obligaciones. Cuando vuestro corazón está lleno de amor y generosidad, esas cualidades rebosan y se expresan en todas vuestras acciones, palabras y pensamientos. Amma sabe muy bien que no habéis alcanzado el estado de perfección pero, ¿no es ese vuestro objetivo? Vosotros deseáis vivir y servir en el amor, ¿no es así? Pues tenéis que practicar, tenéis que esforzaros continuamente. Amma se siente muy feliz cuando mostráis el deseo de intentar hacerlo, pero se disgusta mucho cuando ve la indolencia de sus hijos. Hijos, no seáis negligentes ni caigáis en la apatía; la apatía es el peor estado mental para un buscador espiritual. Una persona apática no se entusiasma ni se interesa por nada; ha perdido toda esperanza y está aburrido de la vida, una persona así tiene demasiada pereza para salir de su estado de desánimo y se convierte en una carga para los demás. Su naturaleza onerosa provoca en él la aparición de irritación y odio. El enfado le hace sentir odio por todo, por su propia gente, por la sociedad, por Dios e, incluso, por su propia existencia.

«Hijos es preciso que trabajemos mientras vivamos. La vida es preciosa, por tanto, no la desperdiciéis haciendo las cosas mecánicamente y sin amor. Debemos intentar poner amor en todo lo que hagamos. Las máquinas pueden hacer muchas de las cosas que nosotros hacemos, a veces incluso mejor y de forma más eficiente, pero nadie se siente inspirado por una máquina. Aún cuando las máquinas pueden hacer mucho más trabajo que los humanos, la cualidad del amor está ausente en los productos hechos por una máquina. Cuando el amor está ausente de una acción, la acción se hace mecánica. La gente que actúa mecánicamente, sin amor, se convierte interiormente en algo parecido a una máquina, se hacen menos humanos. Los humanos pueden amar, pueden expresar amor y pueden vivir en el amor, pueden incluso convertirse en amor. Una máquina no puede hacerlo, una máquina solo puede ser mecánica.»

Amma se detuvo de pronto y durante unos momentos se guardó silencio. El reloj dio una campanada, eran las diez y media de la mañana. Se diría que el tiempo mismo advertía a cada alma: «No puedo esperar por ti; no puedo retroceder; no pospongas lo que debas hacer. Te estoy llevando hacia la muerte, aunque tú no lo sepas» Amma se encontraba en un estado de absorción; con los ojos cerrados se balanceaba hacia adelante y hacia atrás.

Cuando regresó a su estado normal continuó diciendo: «Hay pintores que pintan cientos de miles de cuadros, pero no hay profundidad en sus pinturas, nadie se siente atraído por ellas, no penetran en el corazón de nadie. No provocan ningún sentimiento de amor o belleza en la mente del observador. Muchos pintores son así, pintan y pintan hasta que se mueren, pero nadie se siente inspirado por su trabajo.

«Existen otros pintores, en cambio, que no pintan muchos cuadros, tal vez solo unos pocos, pero esos pocos se hacen mundialmente famosos. La gente anhela poseer uno de esos cuadros, al contemplar uno de ellos se sienten inspirados y encantados. Si se trata de una pintura del océano, se puede sentir lo vasto y profundo del mar solo sentándose frente a ella. Solo contemplando la pintura puede uno experimentar lo que es el mar, se pueden ver las olas y casi aspiras la brisa marina. ¿Porqué?, ¿cómo es eso posible? Debido al gran amor que el pintor derrama en su trabajo. Incluso si la pintura se cuelga en una habitación del tamaño de una caja de cerillas, parece que crea un mayor espacio; las montañas, los valles y los ríos cobran vida. Uno ve más allá del lienzo y la pintura, uno ve la naturaleza en toda su gloria.

«Si uno pone su corazón y su alma en una actividad, se transformará en una tremenda fuerza de inspiración. En el producto de una acción realizada con amor se podrá apreciar la presencia de vida y de luz. Esta realidad de vida y luz atraerá fuertemente a las personas hacia Ella. Un *mahatma* muestra constantemente el camino, nos instruye pacientemente; no una vez ni dos sino miles de veces. Si no escuchas, si siempre desobedeces, si sigues pensando que puedes tomar prestadas de él la belleza y el amor, en lugar de trabajar tú mismo por ellas, se retirará y desaparecerá. Los *mahatmas* no tienen más obligaciones ni responsabilidades con el mundo que las que ellos mismos se crean por propia voluntad para el bien del mundo y de la humanidad.

«Hijos, Dios nos ha dado las facultades necesarias para que seamos como Él. El amor, la belleza y todas las cualidades divinas existen en nuestras vidas, no seáis perezosos, no malgastéis vuestro tiempo. La vida es un precioso regalo, este cuerpo humano es un regalo poco frecuente. Trabajad con amor mientras todavía tenéis salud, no seáis una carga para los demás. Puede que Dios no os haya provisto de dinero, pero si estás dotado de un cuerpo sano, trabaja y hazlo con todo tu corazón.

«Había una vez un mendigo que era pobre pero tenía mucha salud, cuando alguien pasaba solía decirle así: ';Oh buena persona!, mírame. Dios me ha creado desprovisto de todo. No tengo nada, sin familia, nadie cuida de mi. Ten piedad de mi'. Un día un sabio se detuvo y le dijo: 'De acuerdo, dame tus dos manos y yo te daré un millón de dólares'. El mendigo exclamó: ';Cómo voy yo a vivir sin mis manos?, ¡las necesito!' El hombre sabio dijo entonces: 'Muy bien, no te preocupes, ¿que hay de tus piernas?, te ofrezco la misma cantidad por las piernas'. Estupefacto, el hombre respondió: 'Pero, ¿estás loco?, ¿cómo voy a darte las piernas por un millón de dólares?, mis piernas valen mucho más que eso'. Entonces el hombre sabio hizo la misma oferta por los ojos del mendigo pero se encontró con la misma respuesta. El mendigo dijo que cualquier parte de su cuerpo era para él demasiado preciosa para venderla, incluso por un millón de dólares. Entonces el sabio exclamó: 'Mira hermano, día tras días te oigo quejarte de que Dios te creó sin proveerte de ningún bien, ahora, tú mismo has declarado abiertamente que tus manos, piernas y ojos, cada una de las partes de tu cuerpo, son preciosas para ti, dices que no tienen precio. Por lo tanto, Dios te ha dotado ciertamente de un cuerpo magnífico que no tiene precio; ¿por qué no trabajas, por qué no utilizas ese cuerpo saludable para ganarte la vida? No te limites a alargar la mano mendigando una limosna cuando todavía tienes salud, eso es pereza. A Dios no le gusta la gente perezosa que quiere obtenerlo todo de los demás. A Dios no le gusta la gente que son como parásitos, así que, trabaja querido hermano, trabaja'.

«Nadie quiere trabajar, esforzarse por alcanzar el estado de perfección. La gente ansía saber si puede conseguir que le den paz, belleza y amor en algún lado o tomándolo de alguien más. Cuando ven belleza y amor en torno a una gran alma desean obtenerlos, quieren convertirse en lo mismo que él. Dicen: 'Que hermoso y maravilloso eres!, nunca en mi vida había experimentado un amor y una paz semejantes. ¿Qué puedo hacer para ser como tú?' Entonces el *mahatma* les dice lo que deben hacer, pero ellos no trabajan duro para conseguirlo. Siguen deseándolo, así que preguntan si lo pueden tomar prestado.

«Un *mahatma* es la encarnación del puro amor de Dios, la personificación de la belleza eterna. Cuando la gente se encuentra con él, se siente atraída. A veces desean también ser amorosos y hermosos como él, pero cuando el *mahatma* les explica cómo obtener esas cualidades, a través de una enorme renuncia y entrega, fruncen el entrecejo y se retiran. Esperan conseguirlo gratis, sin tener que hacer nada. El propio cuerpo es un regalo gratuito de Dios. Nos lo dio por pura compasión; pero los seres humanos son avariciosos, siempre quieren más y más, ¡pero gratis! Ese es el ideal de su vida.

«Trabajad y cumplid con vuestras obligaciones con todo vuestro corazón. Intentad trabajar generosamente con amor. Poned todo vuestro ser en todo lo que hagáis. entonces sentiréis y experimentaréis la belleza y el amor en cada aspecto del trabajo. El amor y la belleza están en vosotros, intentad expresarlos a través de vuestras acciones y habréis encontrado definitivamente la fuente de la bienaventuranza.»

De nuevo hubo una pausa. Amma movió su mano derecha en círculos mientras cantaba suavemente, Shiva... Shiva... Shiva... Todo el mundo había estado escuchando con entusiasmo la parábola que la Madre acababa de relatar y su posterior explicación.

Amma pidió a los *brahmacharis* que cantasen *Maname nara jita-makkum*. Cuando comenzaron a cantar Amma se unió a ellos.

Maname nara jitamakkum

Oh mente mía, este nacimiento humano es como un campo...
si no se cultiva adecuadamente
deviene seco y estéril.

Tú no sabes como sembrar la semilla adecuadamente
tampoco como hacerla crecer
ni siquiera tienes el deseo de aprender a hacerlo.

Si hubieses arrancado las malas hierbas
abonado y cuidado con afán
tendrías ahora una buena cosecha.

La vejez se aproxima, tu fuerza desaparece
Como un gusano indefenso
pasas el tiempo contemplando tu tumba.

Un *brahmachari* preguntó: «¿Amma, tu afirmación de que el *mahatma* desaparecerá si los discípulos no le escuchan y obedecen, parece como una advertencia para todos nosotros. ¿Intentas decirnos que tú harás lo mismo si actuamos de forma indiscriminada?». Había miedo y ansiedad en su voz.

Amma lo consoló dándole golpecitos en la espalda y diciendo: «Hijo, intenta no comparar. Amma no está diciendo que vaya a desaparecer si no la escucháis. Amma os indica simplemente que un *mahatma* no tiene nada que ganar o perder, vosotros sois los que perdéis si no seguís sus palabras. Os perderéis la belleza, el amor y la paz que veis en él y en sus acciones; en cierto sentido puede decirse entonces que el *gurú* desaparece de vuestras vidas, ¿no es verdad? La Madre únicamente intentaba expresar que debemos actuar con amor y dedicación. Intentad seguir los pasos del *gurú* en vuestro corazón. La obediencia a las palabras del *gurú* es la única forma de superar todos los obstáculos que aparecen en el camino espiritual.

«Amma quería decir que solo el amor pone belleza y atractivo en vuestras acciones. Ningún trabajo es insignificante ni superfluo. La cantidad de amor, la cantidad de corazón que ponéis en su realización le dan significado y belleza.

«Puede que penséis que limpiar un baño es un trabajo sucio. Intentad sentir que limpiar los servicios es una oportunidad de servir a los devotos que visitan el *ashram*. Si tenéis ocasión, limpiad algún lugar público que esté sucio sin que nadie os lo indique, hacedlo simplemente como cosa vuestra. Una acción así se convierte en un hermoso trabajo. Vuestra pura actitud embellece el trabajo, y como resultado de realizarlo, una desconocida sensación de alegría brota de vuestro interior. Tras todos los grandes e inolvidables sucesos encontramos siempre al corazón. El amor y la actitud desinteresada se encuentra siempre bajo las grandes acciones. Tras cualquier buena causa encontraréis a alguien que ha renunciado a todo y ha dedicado a ello su vida.

«Fijaros en cómo cocina vuestra madre; lo hace con amor. Observad a un granjero trabajando en el campo, puede crear realmente olas de belleza en su trabajo si lo realiza con amor y sinceridad. Se puede apreciar su corazón en su trabajo, se puede sentir en él el fluir del corazón. Se siente feliz y entusiasta mientras atiende sus tareas, cantando o tarareando una canción trabaja sin descanso; no le preocupan la comida ni el sueño, no le preocupa lo que ocurre a su alrededor. Es paciente, le da igual la cantidad de tiempo que le lleva su trabajo, disfruta arando, sembrando, regando y cosechando él mismo. Este es el significado de la palabra sinceridad. Sinceridad significa la habilidad de expresar el corazón en todo lo que se hace, la habilidad de amar el trabajo.

«Hijos, tenéis que hacer vuestro trabajo con sinceridad, tanto si lo consideráis importante como insignificante, tanto si os gusta como si no, debéis realizar vuestro trabajo con amor e interés. Cuando trabajáis de esta forma, cuando el amor comienza a fluir en todo lo que hacéis, vuestro trabajo se convierte en *sadhana*. Se hace cada vez menos difícil, hasta que un día resulta que todo el esfuerzo, físico y mental, ha desaparecido. A partir de entonces, comenzaréis a trabajar con todo vuestro corazón. El amor florece en vuestro interior y se refleja en todo lo que hacéis.

«Incluso un santo, después de haber alcanzado la realización del Ser, debe continuar realizando el mismo trabajo que antes hacía, barriendo las calles o trabajando los campos; solo su actitud habrá cambiado. Tras la Realización, está totalmente desapegado; él es el observador de todo lo que hace. Lleno de inocencia y encanto, el santo nunca se aburre, es como un niño que nunca se cansa de oír cantar a los pájaros, que nunca se cansa de mirar las flores, que se emociona siempre al contemplar como aparece la luna. Como la vida de un niño, la de un santo está siempre llena de maravillas. Para él, todo es nuevo y fresco porque contempla con amor la auténtica naturaleza de todo.

Amma se detuvo y dijo: «Hemos hablado mucho, dejémoslo ya y miremos en nuestro interior por unos instantes antes de terminar.» Amma cantó un kirtan al que todos respondieron:

Chinatakalkantyam

Oh Glorioso resplandor de la eterna felicidad
amanece en mi cuando mis pensamientos terminen,
meditando en tus dorados pies
lo he abandonado todo con alegría

Cuando Tú estás conmigo
no necesito a nadie mas.

¡Abandona rápidamente la ignorancia y el egoísmo!
Esta mente ya no será oscura nunca más
Así como desaparece la flor del deseo,
deja que se disuelva en tu resplandor y disfrute de la paz.

Dígnate a residir en mi interior,
ayúdame a vivir como el aire,
en contacto con todo,
sin estar atado ya a nada.
Piensa, oh hombre, ¿porqué vives?
¿Sigues acaso los caminos del reino animal?

Cuando la canción hubo terminado, todos se sentaron en actitud meditativa tal como Amma había indicado. Después, Amma cogió una porción de la comida que le habían traído y dividiéndola en pequeñas porciones procedió a alimentar a cada uno con sus propias manos. Cada *brahmachari* se acercó a Amma para recibir su ración de prashad. Mientras daba de comer a sus hijos, Amma se animó a hacer bromas disfrutando del momento con los *brahmacharis*. Uno de ellos que actuaba siempre como un niño pequeño frente a Amma, vino a Ella dos veces y fue sorprendido. Amma entonces le dijo en voz alta, «Mirad a este ladronzuelo que pretende obtener otra ración más». El *brahmachari* dijo inocentemente: «Si me das de nuevo, solo vendré una vez más.» Todos estallaron en carcajadas, incluso Amma se rió abiertamente de la infantil respuesta del *brahmachari*.

Finalmente llegó el turno de Gayatri, Amma tomó una bola de arroz y estaba a punto de dársela. Gayatri se sentó con la boca abierta, dispuesta a recibir el prashad pero, de pronto, Amma retiró la mano. Una vez más las risas llenaron el aire. Gayatri se ruborizó, un poco avergonzada. Entonces Amma dijo: «Ven, querida hija, toma.» Gayatri abrió de nuevo la boca mientras Amma le acercaba la bola de arroz hasta casi tocar sus labios y, de nuevo en el último momento, la retiró mientras estruendosas carcajadas llenaban la habitación. Amma miró maliciosamente a Gayatri que estaba roja de vergüenza y suavemente le metió la bola en la boca. Después, abrazándola con todo cariño, Amma la besó en ambas mejillas.

Fue una escena muy emotiva. Una indescriptible expresión de amor y compasión brillaba en el rostro de Amma. Al sentir aquel desbordante amor maternal, algunos de los *brahmacharis* apenas consiguieron controlar sus lágrimas.

Dado que Gayatri vive constantemente junto a Ella, Amma insiste en que debe ser perfecta en todos los sentidos. Amma suele decir, «Gayatri-mol debe ser como una segunda madre para todos, por eso Amma no le perdona ni la más mínima falta». El amor y la compasión de Amma por Gayatri es indescriptible, rara es la ocasión en que los expresa, pero cuando lo hace, es siempre un espectáculo que alegra el corazón. Esa fue una de esas raras ocasiones.

Ser alimentados por Amma es siempre un regalo para sus hijos. En cierta época el cariñoso ritual tenía lugar casi a diario, pero el número de residentes aumentó y se hizo cada vez más y más ocasional. No obstante, fue otro el motivo que provocó su desaparición.

En aquellos primeros tiempos, antes de que se estableciese una rutina estricta en el *ashram*, Nealu, Gayatri, Unni y Balu eran los únicos discípulos. Los otros *brahmacharis* que todavía trabajaban o estudiaban, visitaban el *ashram* con frecuencia, pero a causa de diversas circunstancias no les permitía ser residentes permanentes. Siempre que esos *brahmacharis* llegaban de visita, tanto juntos como separados, Amma les daba de comer. Incluso después de que el primer grupo de *brahmacharis* se quedase a residir de forma permanente. Amma continuó con la costumbre de alimentar a cada uno de ellos.

Más tarde, sin embargo, cuando los *brahmacharis* empezaron a estudiar las Escrituras, se les enseñó a cantar antes de cada comida. Cantaban el capítulo quince del Srimad Bhagad Gita seguido del Brahmarpanam del capítulo cuarto, verso 24...

Brahmârpanam brahma havir brahmâgnau
brahmanâ hutam/
brahmanâ tena gantavyam brahma-karma-
samàdhinâ

El acto del sacrificio es Brahman,
la ofrenda es Brahman,
es ofrecida por Brahman en el fuego que es Brahman,
así aquel cuya mente está fija en acciones dedicadas a
Brahman,
seguramente alcanzará a Brahman.

Un día Amma anunció: «Como ahora recitáis este mantra, Amma no os dará de comer cada día, como era su costumbre. A partir de hoy no lo esperéis. El mantra debe ser practicado. Si todo es Brahman, vosotros también sois Brahman y, ¿cómo puede Brahman ser alimentado?» Por eso, a partir de ese día cesó la práctica de dar de comer. Aún así, Amma alimenta a sus hijos del *ashram* pero solo de vez en cuando. Todavía es una experiencia muy especial que uno no puede explicar con palabras. No es solo arroz y otros alimentos lo que Ella da; en este prashad Amma transmite su amor, pureza, compasión e interés por sus hijos.

ॐ

Capítulo 5

Viernes, 13 de julio de 1984

Eran aproximadamente las cuatro y media de la tarde, Amma estaba jugando con unos niños de las casas cercanas algunos de los cuales eran hijos de devotos. Hizo un templo con arena mojada y le adornó el techo con hojas y flores. Cuando el templo estuvo terminado, tuvo lugar la ceremonia de consagración y Amma colocó en su interior una pequeña imagen de Krishna. Amma estaba totalmente absorta en el juego y los niños estaban encantados. Cuando la ceremonia terminó todos se pusieron en pie y, guiados por Amma comenzaron a circunvalar el templo. Amma dirigía el canto de *Agatanayai* y los niños respondían cantando...

Agatanayai

¡El Señor Vishnu ha venido!
¡El Señor Vishnu ha venido!
Adoremos al Señor por siempre.
El supremo Señor del universo ha venido,
trayendo consuelo al mundo.

El Señor ha venido a la tierra
para alejar al hombre del reino del dolor.
¿Ha descendido el Señor de la paz, lleno de compasión,
para mostrarnos el camino de la liberación?

No parecía que Amma y los niños estuviesen jugando cuando se regocijaban y daban palmadas; por el contrario la escena tenía toda la apariencia de un acto genuino. Después de dar vueltas alrededor del templo durante un rato, Amma y los niños empezaron a danzar al ritmo de Krishna... Krishna, Radha... Krishna.

133

Cerrando los ojos como Amma hacía, todos bailaron con gran entusiasmo y alegría. Terminada la canción Amma se sentó y meditó, y los niños siguieron su ejemplo. Los niños se sentaron en una postura perfecta y meditaron hasta que Amma les llamó sacudiéndolos suavemente uno por uno, diciéndoles que se preparasen para la distribución del prashad. Previamente Amma había colocado, delante del templo, unos caramelos que ahora distribuía entre los niños.

Era un espectáculo tan tierno e inspirador, que los residentes del *ashram* que estaban observando desde lejos hubiesen deseado convertirse en niños para acercarse a Amma. Algunos de ellos comenzaron a acercarse para mirar, pero otros les previnieron de no hacerlo, sobre todo para evitar que con su presencia se pudiese alterar la belleza de aquellos instantes; por eso, se quedaron contemplando el juego de la Madre desde una cierta distancia.

Los niños no querían dejar a Amma, que jugaba con ellos como si de otro niño de su edad se tratase. Continuaron sentados a su alrededor y se divertían hablando, riendo y haciendo bromas. Era realmente una fiesta. Los corazones desbordaban y se expresaban en forma de benditas risas.

Después de jugar con los niños durante media hora más, Amma se puso en pie y se dirigió hacia el templo. Las dulces notas de la flauta de *brahmachari* Sreekumar surgían de una de las cabañas y llenaban la atmósfera. Aun rodeada por los niños, Amma se quedó parada frente al templo. Una de las niñas que tenía unos seis o siete años le pidió: «Ammachi, ¿por qué no cantamos y jugamos otra vez al juego del templo?». Agarrando la mano de Amma se lo pedía una y otra vez.

Volviéndose hacia la pequeña niña y pellizcándole cariñosamente las mejillas, Amma le dijo: «Hija, ya es suficiente por hoy. Amma tiene muchas otras cosas que hacer.»

«Me gusta mucho jugar a eso», dijo la niña, «¿podremos volver a hacerlo mañana?»

Extremadamente complacida con la niña y con su inocencia, Amma le dio un gran abrazo y la besó en ambas mejillas repitiendo, «Hija, hija...querida hija de Amma.»

Liberando a la niña de sus brazos, Amma le preguntó, «¿Serás siempre así de devota, incluso cuando crezcas?»

La niña movió la cabeza afirmativamente.

Cuando se encuentra entre los niños, la Madre se convierte también en un niño, jugando y retozando con ellos. Amma hace que sientan que Ella es uno de ellos, da siempre a los niños un trato especial y ellos también lo perciben. Cualquiera que la haya visto con niños pequeños sabe que eso es cierto. Les concede mucha atención; Amma hace que se sientan a gusto y felices cuando los tiene en su regazo. Sentándolos cerca de Ella, escucha atenta y cuidadosamente sus parloteos y sus quejas. Los niños tienen su propio espacio e importancia en presencia de Amma y ellos lo sienten con tal claridad que algunos no quieren dejarla, aun cuando el resto de la familia esté ya dispuesto para marchar. Muchos niños sienten más amor por Amma que por sus propios padres y madres. El apego que los niños tienen a Amma, surge del puro amor y auténtico interés que Ella muestra por ellos. Los niños son muy receptivos, por lo que el Divino Amor de Amma penetra directamente en sus corazones; con tan fácil acceso, Amma les toca profundamente y ellos lo sienten inmediatamente. El amor puro e incondicional es el secreto que se esconde tras esta relación.

Discriminación

Amma se sentó en la arena del patio frente al templo y fue rápidamente rodeada por los residentes. En aquel momento llegó Harshan, el primo de Amma, era cojo y caminaba renqueando.

Harshan sentía gran devoción por Amma; cuando toda la familia estaba contra Ella, Harshan la defendió siempre valientemente sintiendo por Ella una gran simpatía. A veces, solo por hacer reír a Amma, hacía cosas divertidas. Harshan se postró y tomó asiento con los demás, Amma estaba muy complacida al verle. Harshan trabajaba en un barco de pesca y Amma le preguntó por su trabajo. Como era la época de las lluvias, Amma se interesó por el bienestar de los pescadores y mantuvieron una pequeña charla sobre como el monzón había perjudicado a los pescadores.

Harshan tenía una peculiar forma de cantar las canciones devocionales, gesticulando con las manos y haciendo todo un surtido de muecas. Amma le pidió que cantase un kirtan y sin dudarlo un momento comenzó a cantar; a veces extendía los brazos hacia la Madre, otras hacía gestos como un músico profesional con una mano en el pecho y la otra levantada en alto. Los gestos que hacía con la cara eran siempre exagerados, otras veces cerraba los ojos y con las palmas juntas se inclinaba reverentemente ante la Madre. Cantó:

Sundarini vayo

Ven te lo ruego, Oh hermosa
Consorte de Shiva, te lo ruego ven
Oh auspiciosa, te lo ruego ven
Ven te lo ruego, Oh infinita.

Oh Vamakshi, consorte del Señor Shiva
Oh Kamakshi, Tú que irradias tu luz por doquier
hacia aquellos que te contemplan
como a su ser más querido.

Oh Madre, te lo ruego, permanece
como la primavera de mi inspiración.
Tú que posees a la vez una y múltiples formas,

Tú eres la luz del Absoluto.

¿No conoces bien mi corazón?
¿No vendrás ante mí
ni siquiera ahora, que te lo pido?

Amma parecía muy contenta mientras escuchaba la canción, pero a veces se reía como un niño inocente viendo los gestos que hacía. Cuando terminó la canción Harsan se postró de rodillas ante Ella. La Madre le dio una cariñosa palmada en la espalda y él, jugando, cayó sobre un costado, lo cual provocó estruendosas carcajadas; también Amma rió sonoramente.

La simpática escena provocada por Harshan se transformó en una profunda enseñanza de Amma cuando respondió a la pregunta de uno de los *brahmacharis*: «Amma, Te he oído decir que un buscador espiritual lo transciende todo una vez a alcanzado el estado de perfección, ¿significa eso que incluso va más allá de la discriminación, que es una importante cualidad que debe poseer un buen buscador?».

La respuesta de Amma fue esclarecedora, «Hijo, la discriminación es para aquel que se encuentra en proceso de evolución. Necesitas absoluta discriminación para saber y comprender la diferencia entre lo que es bueno para tu progreso espiritual y lo que creará obstáculos en tu camino. Un buscador debe discriminar entre lo que es eterno y lo que no lo es. Pero una vez alcanzado el estado de Perfección, se ha renunciado a todo, también a la discriminación. No puedes aferrarte a nada. Transcendiendo todas las dualidades, te conviertes en el universo, te conviertes en la expansión misma. Eres a un tiempo el día y la noche; vas más allá de lo puro y lo impuro.

«En los Mil Nombres de la Madre Divina, Lalita Sahasranama, encontramos los mantras Sad-asad-rupa dharini --aquel que toma la forma del ser y del no-ser, y Vidyavidya svarupini-- aquél que es a la vez conocimiento e ignorancia. Esos versos significan que Devi --Pura Conciencia-- es todo y está más allá de todo. Si la conciencia está en todas partes y todo lo penetra, entonces, todo es pura conciencia.

«Pero recuerda, recuerda constantemente, que esta afirmación acerca del Absoluto no es válida para los buscadores, para aquellos que todavía se esfuerzan por alcanzar el objetivo. No es aplicable a ellos en absoluto. Amma está hablando sobre el estado de Absoluta Conciencia. Nada es sin conciencia para aquél que está completamente establecido en la Realidad. Todo esta penetrado por la conciencia y por ello no existen diferencias. Cuando todo está impregnado por la conciencia, ¿cómo puede haber discriminación? Un Alma Perfecta no tiene mente, no tiene ego, no tiene *vasanas*, ni siquiera en estado inmanifestado porque los ha destruido completamente desde la raíz. Su mente se ha vuelto completamente tranquila y así será por siempre.

Hijos, las reglas, lo que se puede y lo que no se puede hacer, las normas que establecen lo que es puro o lo que es impuro, son solo para la gente corriente. A los *mahatmas*, que están más allá de la conciencia del cuerpo, no les afectan estas normas. Ellos son completamente puros. Pero si un *mahatma* escoge permanecer en el mundo por el bien de la sociedad, observará las reglas de esa sociedad, se atendrá a ellas escrupulosamente para ser un ejemplo para los demás. El mundo necesita este ejemplo, la gente necesita moralidad, buen carácter y pureza para poder evolucionar.

«La gente corriente tiene todavía conciencia del cuerpo y por consiguiente no pueden actuar como almas evolucionadas que están más allá de todas las normas de conducta. Sin reglas de conducta, la vida de una persona corriente sería un desastre. Un *sadhak* también debe llevar una vida disciplinada, de lo contrario no podrá progresar; no puede imitar a una Gran Alma que está establecida en el estado del más allá. El *sadhak* debe intentar seguir sinceramente las instrucciones del *mahatma* o del *gurú*, pero no debe imitarlo.

«Hijos, Amma acostumbraba a vivir de agua y hojas de *tulasi*. En una época, incluso olvidó comer y dormir durante varios meses; era la época en que Amma comía pescado crudo, los posos del té, trozos de vidrio y a veces tierra. Ella no sintió nunca que esas cosas fuesen sucias o impuras; no había amor ni falta de amor, no había compasión ni falta de compasión en esa época. Lo que había era solo espacio o cielo, una expansión infinita. Amma estaba totalmente absorta en ese estado no-dual y nunca deseaba regresar.

«¿Cómo van a existir en el espacio los conceptos de pureza o impureza, sucio o limpio, feo o hermoso'. Como va a haber pensamiento alguno discriminatorio en el estado de expansión, en el que no hay pensamientos ni mente? Este estado lo contiene todo, en él todo se acomoda; de hecho lo bueno y lo malo existen en este estado, es como el río que lo arrastra todo con él y todo lo lava. El río no discrimina, él no puede decir: 'Solo la gente sana puede bañarse, no permitiré que los mendigos y los leprosos se bañen en mis aguas'. El río Ganges no puede rechazar, él acaricia a todo el mundo y lo arrastra todo, tanto lo bueno como lo malo; acepta incluso a los cadáveres y cuerpos en descomposición en el fluir de sus aguas.

«Pero después, este estado cambió para Amma. La llamada interior todo lo transformó. Una vez adoptado el *sankalpa* de permanecer en el cuerpo, las circunstancias se tornan tales que uno tiene que seguir las normas de conducta tradicionales de la sociedad. Si las normas sociales se ignoran la sociedad se desbarata, si te comportas de una forma extraña, sin seguir las normas morales y tradicionales, harás daño a otras personas de tu entorno y, más que salvar al mundo, lo destruirás.

«Todos los nombres y las formas son divisiones creadas por la mente. Aquél que ha alcanzado el estado de perfección transciende la mente y el intelecto; nombres y formas desaparecen para él, se convierte en espacio, en continua expansión. Puede que transporte un cuerpo con él, pero en realidad no lo hace. Él solo hace lo que hace, solo come lo que come, solo dice lo que dice. Él es, simplemente. Existe en un estado indiferenciado. Él no es molestado por el mundo, ni tampoco se preocupa por él, ni por elevarlo. Amma está hablando acerca del Supremo Estado, en el que no hay mente o pensamientos. No mal interpretéis lo que es la experiencia de este Supremo Estado, es fácil entenderlo mal, no entenderlo apropiadamente. Podéis hablar y hablar de ese estado pero no entenderéis nada.

«Recordad, existen unos seres iluminados que están dispuestos a sacrificarse por el mundo. Existen los que eligen participar en el mundo y guiar a los buscadores y devotos hacia Dios siendo un ejemplo con sus palabras y sus actos. Una vez que deciden permanecer en el cuerpo para la transformación de la sociedad, residen en el más alto estado de discriminación. Esta discriminación es la constante experiencia de que solo Brahman es real y de que el jagrat, el mundo, es irreal. Internamente ellos residen constantemente en este supremo estado, pero exteriormente, trabajan sin descanso y generosamente por el bien del mundo, observando todas las normas morales de la sociedad. Recordad de nuevo, que eso es solo cuando permaneces en el cuerpo aún después de la Realización. De lo contrario, eres lo que eres. Pero para el *sadhak* que está todavía debatiéndose por alcanzar el estado de Perfección, la discriminación entre lo bueno y lo malo, entre lo eterno y lo no-eterno, es absolutamente necesaria».

La compasión lleva al Mahatma
a tomar un cuerpo

Indudablemente la Madre hablaba por experiencia; un *brahmacha-ri* preguntó: «Amma, has dicho que durante un tiempo, también Tú estuviste en un estado de total absorción. ¿Qué es lo que te hizo regresar desde ese supremo estado?»

«La Compasión», respondió Amma, «de alguna forma, apareció un pensamiento. No, de alguna forma no; estaba allí, simplemente. La idea de ser compasiva siempre estuvo ahí. Ese era el *sankalpa*. Continuando con este pensamiento de compasión, Amma pudo regresar a este mundo.

«La compasión es la cualidad que mantiene a este cuerpo en el mundo. Sin este *sankalpa* de compasión, el *mahatma* no regresaría a este mundo, permanecería en estado de absorción. Su comportamiento puede parecer extraño y puede ser mal interpretado. La gente tiene ideas preconcebidas incluso acerca de un alma auto-realizada que reside en un estado inalcanzable para las ideas, e intentan encasillarlo en sus limitadas ideas. Un *mahatma* no puede ser definido, si se intenta puede ser considerado como un loco.

«Sin duda habréis oído hablar de un santo llamado Naru-nattu Bhrantan que vivió en Kerala hace cientos de años. Era un *avadhuta* muy conocido a causa de su extraña personalidad y conducta. Una vez, un buscador quería hacerse discípulo suyo yseguirle dondequiera que fuese. El hombre se acercó al santo y le expresó su deseo, pero el *mahatma* no quería aceptar a nadie como discípulo e inmediatamente denegó su petición. Pero el hombre era muy tozudo, por lo que siguió insistiendo hasta que, finalmente, el santo aceptó. 'Puedes seguirme pero con una con-dición' le dijo, 'tendrás que hacer exactamente lo mismo que yo haga'. 'Eso será fácil', contestó el hombre con entusiasmo, y se fue con el santo siguiéndole a cierta distancia.

«Naranattu Bhrantan caminó y caminó. Nunca descansaba, durante varios días no comió ni bebió, no dormía ni hablaba, así que el hombre pronto quedó exhausto. Intentó seguir el paso del *mahatma* pero no pudo resistirlo por mucho tiempo, al final le dijo: 'Si no como o bebo algo pronto, me moriré'. Al poco rato llegaron a la fragua de un herrero en la que estaban fundiendo plomo. El *mahatma* se acercó al recipiente que contenía el plomo fundido y se puso a beberlo utilizando el hueco de sus propias manos desnudas. Volviéndose hacia su compañero le dijo: '¡Ven!, ya puedes beber todo lo que quieras'. El pobre hombre retrocedió unos pasos y, dando media vuelta, salió corriendo apresuradamente. El santo de esta historia era conocido como un *bhrantan* que significa 'el que está loco'. Al no entenderlo, la gente creía que estaba loco. El aceptó este hecho y nunca trató de corregirlos o de enseñarles. Nunca intentó hacerles entender el significado de sus acciones. No se preocupaba por el mundo, ni por lo que pensaban de él.»

«Hijos, hay otra interesante historia sobre él. Naranattu Bhrantan solía cocinar su comida en los cementerios, utilizando las piras funerarias como combustible. Dicen que una noche, mientras estaba cocinando,apareció la semidiosa que baila alrededor de las piras funerarias y junto con su comitiva se puso a realizar su danza ritual de medianoche. Ordenó a Naranattu que abandonase inmediatamente el cementerio ya que ella, dijo, no podía danzar en presencia de un humano. Como el *mahatma* no estaba dispuesto a moverse, surgió entre ellos la disputa. Ella, dando un rugido, dijo que era su costumbre danzar cada noche alrededor de las piras y que bajo ninguna circunstancia estaba dispuesta a alterar esa rutina. El *mahatma* sonrió y dijo fríamente: 'Si tú eres estricta en tu rutina, yo también lo soy. Mi rutina diaria es cocinar en las piras del cementerio, en consecuencia no puedo irme. Si tanto interés tienes por bailar, ¿porqué no te vas a buscar otro cementerio? Yo no pienso moverme.'

«Viendo que aquel hombre era muy decidido y obstinado, la semidiosa y su cortejo intentaron asustarlo rugiendo estrepitosamente y realizando terroríficos ademanes. El *mahatma* se limitó a sonreír mientras permanecía tranquilo e imperturbable; observando toda la escena con la inocencia de un niño, rió de todo corazón ante tal despliegue de fuerzas. Finalmente, la semidiosa cejó en su empeño, se dio cuenta de que aquél hombre no era un alma ordinaria, cambió de tono y le declaró: 'Ante tu grandeza, me rindo. Que se cumpla tu deseo. Me voy, pero antes me gustaría concederte una gracia. Te ruego que me pidas algo'. El *mahatma* respondió. 'No deseo ninguna gracia. No hay nada que desee alcanzar, ni tengo ningún deseo que saciar. Mi único ruego es que me dejen solo, dejadme que me concentre en mis guisos.'

«Sin hacerle caso, la semidiosa continuó insistiendo en que pidiese una gracia así que el *mahatma* al final accedió y le dijo: 'De acuerdo, dime el día exacto de mi muerte'. Ella insistió de nuevo en que pidiese otra gracia ya que aquella no representaba, en absoluto, ningún favor. 'Muy bien' dijo el santo, ¿puedes posponer o adelantar un día la fecha de mi muerte?'. La semidiosa respondió que aquello se encontraba fuera de su control y que por favor le pidiese otra cosa.

«Apiadándose de ella, el *mahatma* señaló su pierna izquierda, afectada de elefantiasis y dijo, 'Puesto que tienes tanto interés por concederme una gracia, ¿podrías transferir esta enfermedad de mi pie izquierdo al derecho?'. Una vez realizado esto, él le pidió que se marchase ya que no deseaba más gracias. Obedientemente, ella desapareció del lugar llevándose toda su corte.

«Extraños son los modos de un *mahatma*, el intelecto humano no puede comprender a las grandes almas, por eso les llaman locos.

Su aparente locura tiene por objeto hacer que los seres humanos se den cuenta de su propia locura por nombre, fama y riqueza. Solo si los humanos se hacen conscientes de su propia locura, podrá ésta ser eliminada. Un *mahatma* no tiene nada que ganar ni que conseguir; está más allá de toda consecución. Ha realizado todo lo que se puede realizar y está siempre lleno a rebosar. Cuando su corazón desborda, a eso se le llama amor y compasión; puede permanecer totalmente en su interior o puede desbordar con amor, si así decide hacerlo.

«Esta historia muestra la actitud de un alma totalmente entregada; ilustra como todos los aspectos de la divinidad se encuentran perfectamente bajo el control de un *mahatma*. En él no existe el miedo, tampoco la ansiedad ni la excitación, nada le preocupa ni le molesta. Aunque puede cambiar el destino o prarabdha si lo desea, lo acepta de buen grado. Carente por completo de todo miedo, desea pasar, a sabiendas, a través de todas las experiencias. El miedo aparece cuando a las personas las mueven sus pequeños deseos, siempre preocupados únicamente de si mismos. Una vez vencido el miedo, ya puedes sonreír frente a todos los retos de la vida. Un *mahatma* ha trascendido los *vasanas* por medio del control de los deseos y a través de las agitaciones; ello le confiere el poder de sonreír de corazón al mirar, simplemente, cualquier cosa.»

«Pero, ¿os parece que el *mahatma* de la historia carecía de compasión? No tenía compasión ni falta de compasión; el mundo no le preocupaba en absoluto, permanecía constantemente en Estado Absoluto, era casi como una persona sin cuerpo. La compasión es la cualidad que hace que el *mahatma* permanezca en la sociedad y trabaje por su elevación. Solo por compasión ayuda a los buscadores, devotos, discípulos y a cualquier persona que se le acerque.»

Se acercaba la hora de los *bhajans* y Amma les pidió a todos que fuesen a prepararse. Ella fue y se sentó en su lugar habitual frente al templo. Uno a uno, los residentes fueron llegando y ocupando su lugar en la veranda del templo. Amma permaneció en su lugar apoyada en la pared; con la mirada perdida hacia el cielo, se encontraba ajena a este mundo.

Pronto los residentes llenaron la veranda y comenzaron los cantos. Amma no participó al principio, estaba sentada inmóvil, mirando más allá de este mundo.

Brahmachari Sreekumar cantó *Arikullil,* una canción que él había compuesto cuando estaba lejos de la Madre. La canción describe el agudo dolor de la separación de Amma, por eso estaba cargada de profundos sentimientos, y esos mismos sentimientos se expresaban en su cantar...

Arikullil

*Ocultándose en el océano del oeste, el sol
ha marcado el fin del día en su triste lamento,
Es solo el juego del universal Arquitecto,
decidme pues, oh entornados lotos, ¿porque estoy triste?*

*Este mundo tan lleno de tristeza y sumergido en el dolor,
no es más que el drama de Dios, el Creador,
Y yo soy solo una indefensa marioneta, en sus manos,
No tengo lágrimas que derramar,
mientras sigo tras sus pasos.*

*Como una llama ardo, separado de ti,
arde y arde mi mente
en este estado de angustia en que me encuentro
sin encontrar la orilla...*

Tras la primera canción Amma se unió al grupo para cantar *Nilambuja*. Su corazón desbordó creando olas de bienaventuranza y éxtasis...

Nilambuja

Oh Madre de ojos de loto azul,
¿No escucharás el llanto de este doliente corazón?
Tal vez debido a hechos de un nacimiento pasado
ahora vago en soledad.

A través de tiempos y tiempos he pasado
antes de tomar ahora nacimiento
¿No vas a acercarme a ti
en maternal abrazo y a ponerme en tu regazo?

Puede que no lo merezca pero, Oh Madre,
¿abandonarás por eso a este tu hijo?
¿No vendrás, ni me aproximarás a ti,
no me concederás la gracia de tu mirada?

ॐ

Capítulo 6

Domingo, 22 de julio de 1984

A las diez y media de la mañana Amma estaba ya en la cabaña dando *darshan* a sus hijos. Había venido mucha gente a recibir las bendiciones de la Santa Madre ya que era domingo, día de *Devi Bhava*. Aunque llovía casi a diario durante la estación de los monzones, los devotos no dejaban que el tiempo les impidiese acudir a recibir el *darshan* de la Madre.

Ver a Amma dando *darshan* a sus hijos es una experiencia única. La gente se acercaba a Ella de uno en uno; unos lloraban volcando en Ella su corazón en busca de bendiciones y gracia, mientras que otros reían y se regocijaban, expresando su felicidad y gratitud a Amma por su infinita gracia. Había otros que no desean más que ser elevados espiritualmente y rogaban por su constante guía y misericordia. Algunos deseaban ver cumplidos sus deseos y otros esperaban que Amma resolviese sus problemas. Era una interminable cadena de personas y problemas. Ella consolaba a los que lloraban enjugando sus lágrimas y asegurándoles que estaría siempre a su lado. Amma reía con aquellos que se regocijaban y participaba de todo corazón en su alegría. No tenía nada de extraño que la gente desafiase las inclemencias del tiempo para acercarse a Amma en busca de solaz y consuelo. Sus protectoras alas se extendían tan ampliamente como el universo entero; protegiéndolo todo, Amma garantiza un cuidado amoroso a todos sus hijos.

Sed valientes

Durante el curso del *darshan*, un hombre joven se acercó a Amma y se quejó de que desde hacía dos años venía padeciendo un terrible dolor de nuca. Explicó que ese terrible dolor le martirizaba día y noche, y añadió que nunca podía dormir profundamente debido a que el dolor aumentaba terriblemente cuando anochecía. Incluso mientras hablaba con la Madre, parecía que el joven sufría de fuertes dolores.

Amma le escuchaba con una traviesa sonrisa en el rostro. Esto era algo poco usual ya que, normalmente, cuando alguien se acerca a Ella con un problema parecido, Amma se identifica claramente con la persona y con su dolor; se solidariza con él, le consuela y cariñosamente le da masajes en la zona afectada. Así, Amma comparte el dolor de todas las formas posibles. Sin embargo, Amma no demostró amor ni compasión por ese joven, continuó sonriendo y mirándole a la cara durante unos momentos. Lentamente, la sonrisa desapareció y su rostro se tornó muy serio. Amma le miró directo a los ojos, su mirada era tan penetrante que el joven no podía mirarla y bajó la cabeza. Pasaron unos momentos sin que el joven se atreviera a levantar la cabeza

La mirada de Amma se tornó, incluso, más seria, entonces le dijo: «Mira aquí, ¿es acaso este el lugar donde quieres representar tu comedia?», la voz sonaba profunda y terrible.

El joven levantó la cabeza, estaba muerto de miedo y empezó a temblar, finalmente emitió un sonoro sollozo y rompió a llorar. Entre lágrimas suplicaba, «¡Perdóname!, ¡Perdóname!, ¡No me maldigas!, ¡No me castigues! Tengo mucho miedo. Quería hacer ver que sufría un gran dolor en el cuello. Por favor, perdóname... Por favor, perdóname... por favor, perdóname...» El joven repetía estas palabras una y otra vez.

Viendo su indefensa condición, Amma permitió que se desbordase su maternal compasión. «Hijo, hijo,» dijo, «No hay problema. No hay problema, no te preocupes. ¿Cómo puede Amma maldecirte o castigarte? No puede hacer nada de eso. ¿Cómo va una madre ni siquiera a soñar con hacer eso? No llores, tranquilízate, consuélate, no tengas miedo. Ya estabas perdonado cuando cometiste tu error. No llores». Amma abrazó al joven, secó sus lágrimas y lo situó en su regazo, mientras le pasaba la mano por la espalda, de manera compasiva y amorosa.

El joven era un escéptico y un ateo que no tenía ninguna fe en Amma. Creía que se trataba de una aldeana a la que la gente atribuía divinidad. Armado con su historia inventada se acercó a Ella para exponérsela en privado. Su plan era hacer que Amma creyese que él sufría un gran dolor en el cuello, esperaba que Ella le consolaría y le calmaría y solo después de ello él revelaría secretamente la verdad a Amma. En su sueño de honor y éxito, pensaba que iba a salir caminando orgullosamente una vez cumplido su objetivo, pero sus planes se hicieron pedazos. Había intentado humillar a Amma y en lugar de ello, había sido él el humillado.

El joven lloraba y suplicaba a Amma su perdón. Más tarde, ya algo consolado, levantó la cabeza del hombro de Amma y se sentó cerca de la Madre cabizbajo todavía. La Madre continuó dando *darshan* a los devotos y los *brahmacharis* cantaron:

Amma Amma Taye

Oh Madre, Oh Madre, amada Madre divina
Señora del universo
Tú alimentas a todas las criaturas,
Tú eres el supremo y primordial poder

Todo en el mundo ocurre
a causa de tu Divino Juego.

Protégeme, Madre, Oh Madre, protégeme.
Sin haber concebido tu seno
has engendrado a millones y millones de seres.

Tú eres el fin de mi vida, Oh Madre
no me ignores, Oh Señora del mundo.
Tú eres Lalita, soberana del mundo,

Oh Madre, si sin cesar me lanzas en medio de las dificultades,
¿Quién más me va a proteger?
Oh Madre de encantadora mirada,
Tú eres el omnipresente testigo de todo.

Tras la canción, el joven comenzó a sollozar como un niño, Amma le miró sonriendo y dijo, «Hijo, no te avergüences, olvida el incidente, se valiente. Has tenido la valentía suficiente para venir frente a Amma pretendiendo sufrir un gran dolor, ¿donde está ahora tu coraje? Cuando tomas la decisión de hacer algo, esté bien o mal, debes tener también la valentía de afrontar las consecuencias que ello te reporte. Son muchos los que han escogido un camino equivocado. Puede que incluso sepan que su camino no es correcto, aún así continúan con el camino que han elegido, determinados a asumir las consecuencias, sean favorables o no.

«Pero, mírate a ti mismo y al estado en que estás; ¿no puedes ser un poco más valiente? Hijo, o te rindes o declaras la guerra; para rendirse se necesita un poco más de valor. Aquél que se rinde al Ser Supremo es el más valiente de todos. De hecho, el que declara la guerra tiene miedo; es el miedo lo que le mueve a declarar la guerra, teme perder y que el otro gane, teme que sus ideas no sobrevivan, teme no ser capaz de superar a su adversario. El recuerdo de su oponente siempre le atormenta; día y noche piensa en su enemigo, la oposición crea un infierno en su mente y vive en constante temor. Ravana, el raptor de Sita, vivía en constante temor a su esposo Rama. Kamsa, el perverso tío de Sri Krishna vivía siempre temiendo a su sobrino. Duryodhana, el hijo mayor del rey ciego Dhritharasthra, temía constantemente a los Pandavas.

«Los ateos y no creyentes de hoy en día son de esta naturaleza, viven en el temor.. Pero, contrariamente a los héroes de antaño, la gente que presume de atea o no creyente no tienen la valentía de soportar las consecuencias de sus acciones. Esos antiguos héroes también eran escépticos y racionalistas, pero eran mucho más valientes que los escépticos y no creyentes de hoy.

«A pesar de su coraje para llevar a cabo acciones incorrectas, ellos vivían sumidos en el temor. Ravana tenía miedo de que Rama le destruyese cuando fuese a rescatar a Sita. El miedo a que Krishna llegase y le matase torturaba a Kamsa continuamente, y Duryodhana estaba aterrorizado ante el poder de los Pandavas, especialmente mientras Krishna estaba con ellos. El miedo hacía de la vida de estos hombres un infierno. Ideaban constantemente estrategias y planes para matar a sus enemigos, al no estar nunca en paz consigo mismos vivían en una tensión y una desesperación constantes. Eso es lo que sucede a aquellos que no quieren entregarse.

«La entrega elimina toda la tensión y el miedo; la entrega conduce a la paz y la bienaventuranza. Donde hay entrega no hay miedo y viceversa. Donde hay entrega hay amor y compasión, mientras que el miedo desemboca en odio y enemistad. Pero uno necesita mucho valor para entregarse, el valor de abandonarse a si mismo. La entrega demanda la valiente actitud de sacrificar el propio ego. Entregarse significa dar la bienvenida y aceptarlo todo sin el menor sentimiento de pena o decepción.

«Por eso hijo, si deseas luchar, de acuerdo, continúa esforzándote por presentar a Amma como un fraude. Sé, por lo menos, valiente y determinado. Mírate, has perdido tu fuerza y confianza. No debes permitir que eso suceda. Sé valiente y no pierdas la auto-confianza.»

El joven permaneció silencioso, parecía sumergido en sus propios pensamientos. Algunos devotos que estaban sentados allí cerca expresaron su enfadado con el hombre haciendo comentarios hirientes en voz alta. Amma les detuvo diciendo: «No debéis hacer esto, no hiráis sus sentimientos; al hacer estos ásperos comentarios estáis dando mal ejemplo. Amma no quiere criticar ni insultar a este hombre. Amma le ha dicho estas cosas por su bien y él es libre de aceptarlas o de rechazarlas.

«Además, si expresáis así vuestro enfado, no hacéis mas que descargar *vasanas* negativos en vuestro interior. Haced uso de vuestra discriminación. Debéis aprender a escuchar y responder sin reaccionar. Por eso, hijos, Amma no os permite ser mezquinos con él, no quiere que le condenéis. ¿Por qué vais a hacerlo? ¿Qué le aporta ello de positivo a él o a vosotros? El condenarlo no hará sino perturbar vuestras mentes y la suya, no es esta la actitud correcta. Reaccionar así no beneficiará ni a vuestra víctima ni a vosotros. Por eso, no reaccionéis, aprended a responder».

Responder en lugar de reaccionar

Uno de los devotos que había demostrado gran enfado hacia el joven preguntó a Amma: «Amma, a qué te refieres con la palabra: respuesta? Desde luego, siempre tenemos una reacción. ¿Cómo debemos responder?»

Amma explicó la diferencia: «El término respuesta puede ser explicado de muchas formas distintas. Respuesta es total aceptación. También es no-aceptación con una actitud positiva. También puede ser falta de aceptación o rechazo; te quedas observando, simplemente, la reacción que aparece en ti, pero te mantienes al margen de ella, no te involucras en ella en absoluto. Recuerda, tú la ves y, cuando la ves, no estás en ella. Tú eres el que la observa, no estás en la escena. Para responder uno debe ser como un espejo, debe convertirse en un buen reflector de los sentimientos de los demás. Un espejo solo refleja, nunca se ve afectado ni se estropea a causa de la imágenes que refleja.

«Es como ver una película, uno está fuera de ella, simplemente mira y observa, disfruta de la acción. Disfrutas de la experiencia de observar la acción, no te ves involucrado en ella. Es hermoso si puedes hacerlo así, te mantienes al margen y simplemente te ríes con ella. Solo una persona compasiva puede responder.»

A propósito de la explicación surgió otra pregunta: «¿Una persona normal puede hacer eso?»

«Este tipo de duda no lo hace posible, ciertamente», fue la respuesta de Amma, «Hijos, si queréis conseguir un objetivo mundano, ganar un millón de dólares por ejemplo, os ponéis manos a la obra inmediatamente, no perdéis el tiempo, no podéis esperar. Os esforzáis duramente, trabajáis diligentemente en aras por alcanzar vuestro objetivo. Trabajáis con entusiasmo, os olvidáis de todo lo demás, incluso de comer y dormir, dada la urgente determinación por alcanzar vuestra meta. Cuando quieres convertirte en médico o ingeniero estudias mucho para lograrlo, pero cuando tu objetivo es de tipo espiritual, algo que realmente te va a ayudar a llevar una vida en paz, entonces tienes un centenar de dudas sobre ello, un centenar de preguntas sobre si es posible o no. ¡Qué lástima! Al no intentarlo tan siquiera, estás derrotado antes de comenzar.

«El intelecto humano ha llevado al hombre a las más altas cimas en el campo de la ciencia. Hubo un tiempo en el que la gente creía que muchas de las cosas que la ciencia ha conseguido eran absolutamente imposibles. Ni siquiera soñaron que seres humanos pudiesen llegar a la luna o que la gente, sentada en sus casas y mirando a una pequeña máquina llamada televisor, pudiesen ver cosas que están ocurriendo en otra parte del mundo. Pensad en los inimaginables e increíbles avances de la ciencia que ahora se consideran ya como algo normal, ¿de dónde han venido todas esas conquistas?, ¿qué hay detrás de todos esos maravillosos inventos? Hay realizaciones del intelecto humano.

«Esas invenciones y realizaciones son claras muestras del tremendo poder inherente a la mente humana que se ha enfocado hacia los descubrimientos científicos. Y, el poder del intelecto de un científico es solo una parte infinitesimal del poder que es inherente a la mente humana. El poder de la mente humana es ciertamente inconmensurable.

«Este infinito poder existe en todos los seres humanos. Si una persona desea realmente hacer algo, nada resultará imposible para él. Nada podrá subyugarlo, dominarlo o controlarlo, si tiene el coraje suficiente para sumergirse profundamente en su propia mente, en su propia conciencia.. Puede llegar a tocar la auténtica base de la fuente del poder. Amma puede garantizároslo, siempre que el esfuerzo sea sincero.

«Hay muchos Maestros en este mundo que han alcanzado el estado último. Si ellos pudieron hacerlo, también vosotros podéis. ¿Por qué dudáis? Intentadlo. El dudar es algo aprendido, aprendisteis a dudar; nunca aprendisteis a creer, a tener fe. La duda es vuestro enemigo número uno; la fe es vuestro mejor amigo. Tened fe y esforzaros, veréis lo que ocurre.»

Un grupo de devotos que habían llegado del norte de Kerala comenzaron a cantar versos del Devi Mahatmyam:

Devi Mahatmyam

*Oh Devi, Tú que liberas del sufrimiento a aquellos
que te suplican, ten compasión.
Se propicia, Oh Madre del mundo, ten compasión,
Oh Madre del universo, protege el universo.
Tú eres, Oh Devi, quién rige lo móvil y lo inmóvil.*

Tú eres el solo substrato del mundo,
porque subsistes en la forma de la tierra.
Por ti, que existes en la forma del agua,
todo este universo es recompensado.
Oh Devi de inviolable valor.

Tú eres el poder de Vishnu y tienes fortaleza sin fin,
Tú eres la maya primordial que es la fuente del universo;
por ti todo este universo ha sido lanzado a la ilusión,
Oh Devi, si devienes benigna,
Serás la causa de la liberación final de este mundo.

Todas las ciencias son tus aspectos, Oh Devi;
también lo son todas las mujeres del mundo,
dotadas de atributos varios. Solo de ti, la Madre,
está este mundo lleno. ¿Cómo podemos alabarte,
si tú eres la fuente y la forma de todos los objetos dignos de
alabanza?

Había tanto amor y devoción en su melodiosa forma de cantar las slokas sánscritas, que algunos de ellos permanecieron totalmente absortos. Perdidos en su propio mundo de éxtasis realizaban distintos ademanes, tendiendo sus brazos hacia Amma, elevándolos o uniendo las palmas de sus manos en un saludo hacia Ella. Algunos derramaban lágrimas de amor mientras continuaban cantando la canción con tremenda devoción. Los devotos estaban emocionados ante la oportunidad de cantar para Amma. Mientras Amma estaba sentada escuchándolos, sus ojos desbordaban compasión, su rostro resplandecía como la luna llena. La sola mirada de Amma y el embrujo de la sonrisa que había en sus labios, contagió de trémulo encanto a los devotos durante unos instantes.. Elevados a un estado de suprema devoción, las lágrimas rodaban por sus mejillas mientras continuaban cantando el himno.

Amma estaba sentada inmóvil en su asiento. Manifestaba todos los signos que Ella expresa durante el *Devi Bhava*: sus manos formaban un divino mudra y una sonrisa de beatitud resplandecía en su rostro. Mientras tanto, dirigía la mirada hacia los devotos que estaban cantando. Una ola de devoción se apreciaba en ellos cuando su cantar se hizo más extático y la cabaña entera empezó a vibrar de plenitud. Amma estuvo sentada en esta actitud durante un rato, después salió de ella, pero permaneció en actitud de recogimiento mientras el canto se extinguía suavemente. Un perfecto silencio se hizo en la cabaña y los devotos experimentaron la felicidad de la meditación profunda. Uno de ellos estaba en un estado de total arrobamiento, con el corazón lleno de devoción y amor reía y lloraba a un tiempo mientras repetía una y otra vez: 'Amma...Amma'. Algunos de los devotos tomaron asiento con la mirada fija en el rostro de la Santa Madre Casi pasaron cinco minutos hasta que Amma empezó a abrir lentamente sus ojos. Mientras cantaba Shiva.. Shiva.. Shiva..., movía la mano derecha formando círculos, en un gesto familiar e incomprensible para los devotos.

Cuando Amma concluyó su audiencia con los devotos, aquel que había preguntado acerca de la «respuesta» quiso profundizar en este mismo tema. Amma le respondió así: «Vuelves a preguntar que es responder y como hacerlo. Amma puede hablarte sobre responder, puede darte una convincente contestación, pero ello no serviría de mucho. La gente únicamente tiene interés en satisfacer intelectualmente sus preguntas. Cuando obtienen una respuesta, su mente se tranquiliza durante un tiempo, después comienzan de nuevo a dudar y vuelve a aparecer una nueva pregunta u objeción. Muchas veces, las contestaciones a las preguntas solo constituyen un alimento para la mente. Cada vez que calmáis el apetito de la dudosa mente, lo que hacéis realmente es alimentarla con nuevas ideas. Fácil y rápidamente se convierte en un hábito, y por esta causa dejáis de cultivar la fe en vuestro corazón. Si nunca confiáis en vuestro corazón y, además, carecéis de fe y de amor ¿cómo vais a aprender a responder?

«Hijos, todos los grandes maestros del mundo, tanto de Oriente como de Occidente, nos enseñan cómo responder. Ellos nunca «reaccionan», su vida entera es un vivo testimonio del gran principio de vida que es el responder. Jesucristo dio un ejemplo inolvidable de cómo responder. Él dejó que torturasen y crucificasen su cuerpo e, incluso cuando estaba muriendo en la cruz, Cristo rogó por aquellos que actuaban contra Él, rogó por su bien para que fuesen perdonados.

«Cuando Kaikeyi, la madrastra de Sri Rama, solicitó la gracia de que Rama fuese exilado a vivir en la selva durante catorce años, el Señor aceptó el exilio con una sonrisa en los labios. No fue en absoluto hostil a Kaikeyi. Pudo tocar sus pies, con un corazón desbordante de reverencia y de amor. Él simplemente aceptó el exilio como un hecho, sin que hubiera en él el más mínimo asomo de odio o de ira. Lakshmana, por otro lado, quería matar a Kaikeyi por lo cruel de su acción. Cuando supo de la desgracia de su hermano mayor, Lakshmana fue invadido por la rabia y decidió tomar venganza. Pidió permiso a Rama para encarcelar a su propio padre al que llamaba 'el rey injusto y calzonazos'. La reacción de Lakshmana fue terrible, mientras que la respuesta de Rama fue maravillosa. De hecho, la respuesta de Rama ayudó a que Lakshmana se calmase.

«Aún cuando se está envuelto en un conflicto activo, se puede responder. En la batalla entre Ravana y Rama, el Señor mató al conductor del carro de Ravana y a sus caballos, destruyó el carruaje y entonces desarmó a Ravana completamente. Perdida toda esperanza de vida, Ravana ya solo esperaba que las agudas flechas de Rama le atravesasen el pecho; pero en lugar del silbido de las flechas lo que oyó fue la voz de Rama diciendo: 'Ravana, veo que estás completamente desarmado'. La voz de Rama era tranquila. 'Podría acabar contigo ahora mismo si quisiese, pero no quiero hacerlo. Matar a alguien que está completamente desarmado e indefenso va contra el *dharma*. Por tanto, ve, regresa a tu palacio, descansa, cura tus heridas y regresa mañana, fresco y bien armado'. ¡Qué gran enemigo era Rama! Aún en el campo de batalla, y a pesar de que Ravana había cometido el terrible crimen de raptar a su divina consorte y se hallaba ante Él, desarmado e indefenso, Rama no albergaba malicia y pudo hablar de forma tan amable y prudente. Esto es responder.

«He aquí otro ejemplo. Cuando el cazador disparó la afilada y mortal flecha que puso fin al cuerpo de Krishna, el Señor no reaccionó. No intentó castigar al cazador, por el contrario, Sri Krishna bendijo al cazador con la inmortalidad. Le concedió el más alto objetivo de la vida, mukti. Esto es respuesta.

«Parece como si respuesta fuese perdón», apuntó el que había hecho la pregunta.

«Perdonar sin albergar ningún sentimiento de odio o venganza es responder», dijo Amma. «Hay gente que puede perdonar pero continúa manteniendo un gran sentimiento de odio; perdonan, pero con deseos de venganza. Por diversas razones, a veces la gente parece perdonar; por ejemplo, un hombre pega a otro, puede que el segundo hombre no se pelee con el primero porque éste sea más fuerte que él. No podemos llamar perdón a eso. Aunque el segundo hombre no se vuelva contra el primero, es posible que el fuego de la venganza haya comenzado a horadar su mente. De igual forma, cuando un padre pega a un hijo o un profesor castiga a un estudiante, ni el hijo ni el estudiante pueden devolver el golpe, pero el odio anida en ellos. Eso no puede ser llamado perdón, es solo la supresión del enfado y el odio, no podemos llamarlo 'respuesta'. Esa furia, ese odio reprimido, no expresado, quedará depositado en lo más profundo de su interior y, cuando la ocasión se presente, se expresará. Eso será una reacción, no una respuesta..

«Había un *mahatma* que era un monje errante. Un día, estaba sentado bajo un árbol cuando pasó un gamberro acertó a pasar por allí y golpeó al monje con una caña. Tan fuerte fue el golpe en la espalda del monje que al gamberro se le escapó la caña de la mano y se le cayó al suelo. El *mahatma* se puso en pie y recogió la caña. Creyendo el bribón que el monje iba a golpearle con ella, salió corriendo y el *mahatma* corrió tras él. Unas personas que habían visto desde lejos lo sucedido, se acercaron corriendo y detuvieron y agarraron al gamberro. Cuando el *mahatma* llegó con la caña en sus manos, la alargó hacia el bribón y le dijo con voz tranquila: 'Quería devolverte esta caña, solo eso'. Dio media vuelta para marcharse pero la gente que había detenido al tunante dijo: '¿Qué?, ¿qué está pasando?, este canalla acaba de darte un buen golpe en la espalda, nosotros lo hemos visto. Se merece un castigo. Deberías pegarle tú, no una sino varias veces'. El *mahatma* sonrió y dijo. 'No, no puedo. ¿Porqué iba a hacerlo? Él me pegó y eso es todo. Yo lo tomo como un hecho. Pero no entiendo porque tengo que devolverle el golpe. ¿Qué pasaría si una de las ramas de aquel árbol bajo el que yo estaba sentado se rompiese y cayese sobre mi? Yo no cogería la rama caída y me pondría a pegar al árbol. Igualmente, él me golpeó y yo lo acepto. Lo hizo por ignorancia. Yo debo de sentir compasión por su ignorancia, no ira. Yo debo de haberle pegado a él en alguna vida anterior y ahora experimento el fruto de mi acción. En este sentido, no es él quien me golpea sino que es mi pasado lo que le empuja a hacerlo. Así pues, si yo ahora le pego estaré creando más karma para mi, estaría añadiendo algo más a la cuenta que he venido a saldar'. Dicho esto, el *mahatma* se alejó sin decir ni una palabra más.

«Hijos, la respuesta es una actitud. Ocurre cuando se está totalmente desapegado, solo es posible cuando se está libre de ego. Solo una persona no-egoísta puede realmente responder. Se responde cuando se ha alcanzado el estado de no-mente, la mente y el ego solo saben reaccionar. De hecho, ellos son los que hacen que una persona reaccione, ellos son el almacén del pasado y el pasado es la sede del despecho, el odio, la venganza, el apego, la envidia y de toda la negatividad. El pasado es el creador de problemas. Los problemas no aparecen si el pasado no existe para uno, entonces solo existe paz y bienaventuranza. El pasado es una cuenta que nosotros incrementamos más y más con nuestras reacciones. Un *mahatma*, en cambio, destruye completamente el pasado y deja de ingresar en esa cuenta. Una vez liquidado el pasado, el ego también desaparece arrastrando toda la superflua materia mental que hemos ido acumulando. Una persona así ya no puede reaccionar, solo puede responder, porque todas las referencias dejan de existir en él. El pasado es un libro de referencias y no existe nada a lo que podamos referirnos cuando se ha suprimido el pasado.»

Ese último comentario provocó otra pregunta: «¡El pasado es un libro de referencias!, ¿qué quieres decir con eso Amma?».

Amma respondió: «El pasado es como un diccionario o una enciclopedia. En cuanto oímos, experimentamos o hacemos algo, inmediatamente nos dirigimos a consultar esa viejas páginas. En ellas encontramos significados, interpretaciones o usos que ya habíamos utilizado previamente. Entonces hablamos o actuamos de acuerdo con las referencias allí obtenidas. Esto es reacción.

«Por ejemplo: Alguien nos insulta, de pronto el pasado se coloca en primer plano, sin esperar a que le demos permiso, aún sin nuestro conocimiento, el pasado nos da referencias. Nos dice: 'Has sido insultado innumerables veces por distintas personas y tú les has pagado siempre con la misma moneda así que ¡hazlo de nuevo!, ¡insúltale! Usa peores palabras que él'.

«Así funciona la cadena del pasado: Cuando alguien te ofende, tú le devuelves la ofensa. Si alguien se enfada contigo, tú le devuelves el enfado. Así es como ocurre. La reacción habitual almacenada en el pasado aparece una y otra vez, y cada vez que reaccionas se hace más y más fuerte. Tanto tú como tu víctima tenéis un pasado, ambos reaccionáis el uno contra el otro. La otra persona también ha sido insultada innumerables veces. Cada uno reacciona según la fuerza y densidad de sus pasadas reacciones. Ambos tenéis tomos y más tomos de libros gigantescos a los que sin daros cuenta consultáis. Un *mahatma* se mantiene como una hoja de papel en blanco, mientras una persona corriente continúa escribiendo páginas, continúa añadiendo cosas a esos libros gigantescos cada vez que reacciona.

«La respuesta fluye del gran alma que permanece en blanco. No desea interrumpir el silencio con sonidos innecesarios o desfigurar la hoja en blanco con palabras innecesarias. La respuesta fluye del corazón amoroso. Como el amor no puede herir, tampoco lo hace la respuesta.»

Durante todo este tiempo el joven que había fingido el dolor en el cuello había permanecido sentado al lado de Amma, parecía estar escuchando las profundas palabras de Amma. De pronto se postró a los pies de Amma y comenzó a sollozar como un niño. Amma le levantó cariñosamente y puso su cabeza en su seno desplegando, una vez más, su compasión y amor maternal. El joven controlaba su llanto con gran dificultad. Levantando la cabeza del pecho de Amma dijo: «Amma, deseo ser más valiente. No quiero ser un escéptico nunca más. Sentado en tu presencia solo este rato he aprendido muchas cosas. Creo que he comprendido que lo que he estado añorando toda mi vida es tu amor y tu compasión.» Se le atragantaron las palabras y sus ojos se llenaron de nuevo de lágrimas. Continuó, «No quiero perderte Amma, No quiero desperdiciar ya más mi vida». El joven se cubrió el rostro con las manos y sollozó de nuevo.

Mientras el darshan continuaba los brahmacharis cantaron:

Ini oru janmam

Oh Krishna, no me des otro nacimiento
tengo miedo de caer en el cenagal de la ilusión.
Si me lo das, concédeme la gracia de nacer
como el servidor de tus servidores.

Oh Krishna, que mi mente esté llena de tu Santo Nombre,
Que tus luminosos Pies de Loto me sean revelados.
Mantén mi mente en la ecuanimidad,
Que en toda cosa perciba tu manifestación.

Oh Krishna, Tesoro de Compasión
Yo te saludo
Con mis palmas unidas, yo te saludo humildemente

Si de nuevo renazco,
hazlo que sea beneficioso para el mundo,
que transmita la alegría imperecedera...
Si me concedes eso,
no me importa cuántos nacimientos humanos me des.

La respuesta de Amma a ese joven, su expresión de amor y compasión hacia él en lugar de condenarle por su engaño, es claramente un ejemplo de como el responder puede ser y es una buena influencia en los demás. Produce un obvio cambio positivo en su actitud, y de ello fueron testigos cuantos estaban allí presentes.

La propia vida de Amma es un testimonio vivo del responder. Su infancia y primera juventud estuvieron plagadas de pruebas y tribulaciones; excepto un pequeño número de personas, todos, incluida su familia, se volvieron contra Ella. Un centenar de jóvenes se unieron y formaron una organización llamada.: 'Comité contra las creencias ciegas '. Con el soporte de algunos de los aldeanos y políticos, intentaron desacreditar a Amma; intentaron encarcelarla acusándola de crímenes que no había cometido y utilizaron todo tipo de tretas y sucios manejos para presentarla como un fraude. Sin embargo Amma permaneció imperturbable, no reaccionó nunca contra sus tormentos y amenazas. Solo rogaba y lloraba a Dios, a su querido Krishna, a la Madre Divina, suplicando perdón para sus opresores.

Incluso cuando tuvo que cargar con todas las tareas de la casa y hacer todo el trabajo de los demás, Amma no murmuró ni protestó. Ella rogaba siempre: 'Oh Señor, dame trabajo, dame tu trabajo'. Amma trabajó sin cesar. Incluso cuando tenía tanto que hacer, Amma seguía pidiendo más a Dios, para así poder dedicarle, constantemente, cada una de sus acciones. A causa del peso y del calor de tantos cántaros de agua y de cazuelas calientes de arroz que tuvo que transportar sobre su cabeza, se le cayó el pelo, pero aún así no protestó, ni dejó de trabajar.

Los propios padres de Amma y su hermano mayor estaban completamente en contra de Ella. Su hermano mayor solía pegarla, habitualmente sin razón alguna Damayanti-amma, la propia madre de Amma, impartía una disciplina muy estricta y no era nunca indulgente con Ella. En medio de las adversas circunstancias en las que vivía, Amma respondía maravillosamente a todas las circunstancias que surgieron en su vida, siempre con su mente fija en el Ser Supremo.

Sería beneficioso recordar otro incidente ante el que Amma respondió maravillosamente a un hombre que constantemente la molestaba. El hombre era un conocido pendenciero del pueblo en el que Amma nació. Aunque Amma manifestó divinidad ante el mundo, él mantuvo siempre una actitud antagónica hacia Ella; en cuanto tenía la oportunidad la insultaba e intentaba desacreditarla, pero Amma nunca mostró ningún sentimiento negativo hacia él. Su naturaleza era considerarlo todo como la voluntad de la divina providencia.

Un día, mientras Amma se dirigía hacia la casa de un devoto, se encontró con ese hombre pendenciero en el embarcadero. Su cuerpo estaba cubierto de costras de cierto tipo de sarna contagiosa, de sus llagas manaba sangre y pus, su cuerpo estaba sucio y apestaba. Amma se acercó a él y cariñosamente le preguntó por su enfermedad. Después, tomando ceniza bendecida que previamente pidió a Gayatri se la aplicó compasivamente en las pústulas. El cariño y cuidado que Ella expresaba a ese hombre era tan grande, que uno hubiese pensado que se trataba de un devoto cercano. Antes de dejarle, Amma le tomó ambas manos y las besó por el dorso con cariño. Entonces aquél hombre duro no pudo evitar echarse a llorar, sollozaba como un chiquillo. Una vez más Amma expresó su amor por él secando sus lágrimas y después siguió su camino. Tras el incidente, el hombre se convirtió en un ardiente devoto de Amma. Esta es una buena demostración de los milagrosos cambios que la respuesta produce, aún en la peor clase de gente.

La Madre dice: «Debemos intentar ver la naturaleza de las cosas tal como es. La naturaleza de cualquier cosa, tanto si es un ser como si es un objeto, no puede ser otra cosa más que lo que es. Si se comprende esto no cabe más que responder. Solo se puede rogar por el bien de los demás, solo se puede sentir amor y simpatía. Las ranas croan y los grillos cantan por la noche, esa es su naturaleza, no puede ser de otra forma. No van a cambiar aunque vosotros os enfadéis con ellos. Nadie se queda despierto por la noche diciendo: 'No me puedo dormir por culpa de este ruido'. La gente simplemente lo ignora y se va a la cama porque saben que las ranas croan y los grillos cantan. Saben que esa es la naturaleza de esas criaturas y que no puede ser de otra forma.

«Así, cada persona tiene su propia naturaleza. Tú no puedes cambiar la naturaleza de otro mediante tu enfado, solo el amor puede hacerlo. Compréndelo y trata de sentir amor y simpatía por todos. Intenta ser compasivo, aún con aquellos que te molestan;

intenta rogar por ellos. Una actitud tal ayudará también a tu mente a permanecer en calma y llena de paz. Esa es la genuina respuesta.»

Eran las once de la noche. Mucha gente esperaba todavía para recibir el *darshan* de Amma, Ella continuó recibiendo a sus hijos mientras los *brahmacharis* cantaban:

Mano buddhya

Yo no soy la mente, intelecto, ego ni la memoria
Tampoco soy los oídos ni la lengua
No soy los sentidos del olfato ni de la vista;
Tampoco soy el éter, tierra, fuego, agua o aire.
Soy Pura Conciencia y Dicha, ¡soy Shiva!, ¡soy Shiva!

Yo no soy ni la fuerza vital ni los cinco soplos vitales;
Tampoco soy los siete elementos del cuerpo ni sus envolturas;
Ni las manos, ni los pies, ni la lengua
Ni los órganos sexuales ni los de excreción.
Soy Pura Conciencia y Dicha, ¡soy Shiva!, ¡soy Shiva!

No experimento atracción ni rechazo
Tampoco avidez ni ilusión;
No tengo sentido del ego ni orgullo,
Tampoco mérito religioso ni riqueza,
Tampoco goce o liberación;

Soy Pura Conciencia y Dicha, ¡soy Shiva!, ¡soy Shiva!
No soy el actuar bien ni el actuar mal
Ni el placer ni el dolor, tampoco el mantra,
Ni el lugar santo, los Vedas, o el sacrificio;
tampoco el comer, el comensal ni la comida:
Soy Pura Conciencia y Dicha, ¡soy Shiva!, ¡soy Shiva!

ॐ

Capítulo 7

Lunes, 23 de julio de 1984

Temprano, después de la meditación de la mañana algunos de los *brahmacharis* estaban comentando el *satsang* de Amma sobre «respuesta y reacción». Dado que la mayoría de ellos eran jóvenes con estudios, hacían comentarios y daban diferentes interpretaciones a las palabras de Amma, cada uno de acuerdo a su propia comprensión y capacidad intelectual. Un *brahmachari* dijo: «Yo no creo que a una persona que viva en sociedad o que desempeñe un trabajo de responsabilidad, le sea siempre posible responder. Tiene que reaccionar. Por ejemplo, ¿cómo va a poder permanecer sin reaccionar un ejecutivo o un empleado del gobierno? Si un hombre de negocios ejecutivo solo responde y nunca reacciona, la empresa no funcionará bien y tendrá que cerrar. Si un administrador del gobierno solo responde y nunca reacciona el gobierno será un desastre. Si una persona está en una posición de responsabilidad tiene que disciplinar a otras personas y el hacerlo requiere una cierta medida de reacción. Para hacer que otros obedezcan la reacción es necesaria; de otra forma uno no puede desenvolverse adecuadamente en la sociedad. Ayer Amma puso los ejemplos de Rama, Krishna y Cristo, pero incluso ellos tuvieron que reaccionar en ciertas ocasiones, ¿no es cierto?»

Otro *brahmachari* opinó: «Creo que las instrucciones que Amma dio ayer iban destinadas a verdaderos *sadhaks*. Lo que Ella decía iba referido a aquellos que realmente se inclinan por seguir la vida espiritual, renunciando a todos los deseos del mundo. El ego es necesario para vivir en el mundo. Cuando existe un ego, uno no puede responder, solo puede reaccionar. La misma Amma insistió sobre este punto.»

Otro *brahmachari* quiso tener también su turno y comenzó: «Yo pienso...»

Se vio interrumpido por otra voz: «¡No pienses!»

Sorprendidos, todos miraron hacia arriba, Amma estaba de pie en su balcón. «¡No penséis!» les espetó. «Hijos, acabáis de meditar y ya estáis pensando - justamente lo opuesto a meditar. Meditar es sublimar todos los pensamientos, no pensar. Pero ahí estáis vosotros, pensando incesantemente sobre algo que ha de ser practicado, no discutido».

Amma continuó, «Hijos, todos vosotros pensáis. Todos tenéis distintos puntos de vista y opiniones, pero la respuesta sobreviene solo cuando vuestros puntos de vista y opiniones desaparecen. Aquí cada uno de vosotros está 'pensando' profundamente. La posible pequeña cantidad de energía que podéis haber reunido a través de la meditación ha desaparecido con este pensar sin sentido. Es como gastar en cacahuetes el dinero ahorrado con esfuerzo. ¡Qué lástima! Id y haced algo útil.»

Los *brahmacharis* se dispersaron rápidamente. Amma volvió sobre sus pasos y regresó a su habitación.

La habilidad de responder cuando se vive en el mundo

Dos horas después de que tuviera lugar el anterior incidente, Amma estaba sentada en el escalón inferior de las escaleras que conducen a su habitación; justo detrás estaban sentadas Gayatri y Kunjumol. Después de haber sido regañados por la mañana temprano, los *brahmacharis* que habían tomado parte en la discusión se sentían un poco culpables y estaban intranquilos. Todos se mantenían a cierta distancia de donde estaba Amma, sin osar acercarse mucho. Viendo sus titubeos, Amma les llamó para que se acercasen y ellos, tras postrarse, tomaron asiento en el suelo frente a Ella. Amma permaneció un rato sin decir nada, pero su rostro tenía una expresión de extraordinaria profundidad. Los *brahmacharis* parecían un poco perplejos, sin saber lo que Ella iba a decir o hacer. Tras un momento Amma habló: «¿Acerca de qué era la discusión de esta mañana?».

La voz de Amma era muy tranquila, su apariencia llena de amor y de paz. Los *brahmacharis* se relajaron un poco, pero no respondieron aún a la pregunta de Amma. Ella les animó diciendo. «No tengáis miedo, Amma no está enfadada con vosotros, ¿cómo iba a estarlo?, ¿porqué pensáis que Amma va a enfadarse con vosotros? Hablad, ¿sobre qué discutíais?»

Las tranquilizadoras palabras de Amma les ayudaron a reunir las fuerzas suficientes para hablar, y uno de ellos Le explicó las cosas sobre las que habían estado hablando. Una gran sonrisa iluminó su rostro y dirigiendo una amorosa mirada a sus hijos dijo: «Es cierto que cuando se vive en sociedad uno no puede prescindir totalmente del ego, uno tiene que reaccionar. Es posible que tenga que hablar con un lenguaje áspero o que mantener una actitud dura, pero ¿qué importancia tiene? ¿Cómo va eso a impedir el responder? ¿Por qué dices que la respuesta no es posible solo porque alguien sea un hombre de negocios o un administrador del gobierno? Se puede responder si se intenta hacerlo. Es una actitud mental positiva que uno desarrolla hacia los demás, tanto si son amigos como enemigos.

«Mantenerse aparte, desapegado, sin dejarse tocar ni afectar es responder. Pero normalmente, cuando una persona está en desacuerdo o discute con otra, o cuando se intenta disciplinar a alguien, uno reacciona porque se involucra e identifica totalmente con la acción que intenta realizar. Cuanto te enfadas, te identificas con tu enfado y no puedes mantenerte desapegado. No eres capaz de ver cómo surge el enfado en ti, en lugar de ello, te conviertes en el mismo enfado. En algunas ocasiones las grandes almas actúan externamente como seres humanos ordinarios pero, internamente, permanecen siempre apartados de las acciones que realizan. El desapego es la verdadera esencia de sus vidas, ellos no pueden reaccionar porque están desapegados. La reacción existe porque la gente está apegada a sus acciones, el apego al trabajo y a sus frutos crea el ego, que destruirá la habilidad de responder. El desapego del trabajo y de sus frutos destruye al ego, lo cual ayuda a responder. El apego llena aún más la mente de pensamientos y deseos, lo cual provoca únicamente reacciones. El desapego vacía la mente de todos los pensamientos y los deseos, lo cual capacita para responder.

«Hijos, intentad realizar vuestro trabajo con desapego, así aprenderéis a responder. Se puede reprender a alguien estando desapegado. Se puede disciplinar a alguien y continuar estando desapegado. Es por eso que Amma dice que la respuesta es una actitud mental, que es algo subjetivo. Alguien que hubiese visto actuar a Rama o a Krishna podría haber pensado que estaban reaccionando contra sus respectivos oponentes. Verdaderamente, Rama mató a Ravana y a otros muchos demonios por haber secuestrado a su esposa Sita. También se podría creer que Krishna estaba reaccionando cuando mató a Kamsa o cuando ayudó a los Pandavas a que destruyesen a los Kauravas; pero hacer ese juicio es un error. Rama estaba dispuesto a aceptar a Ravana como persona, pero no a su ego. Krishna estaba dispuesto a aceptar a los Kauravas, pero no a sus egos. El ego de Ravana era peligroso para la sociedad. Los egos de Duryodhana y de sus colaboradores eran peligrosos para la sociedad, por eso Krishna tuvo que destruirlos. Como rey, el deber de Rama era destruir los egos que iban a perjudicar a todo el mundo; Rama tenía que matar a Ravana no solo porque había secuestrado a su esposa Sita, sino porque aquél se había convertido en una amenaza para el mundo entero. Al matarlo, Rama estaba librando al mundo de las garras demoníacas. Rama solo protegía y preservaba el *dharma*.

«Ese ego que ellos aparentemente poseían, no era más que una máscara; una máscara con la que ellos nunca se identificaban y de la que podían desprenderse en cualquier momento. Ellos eran en todo momento conscientes de ser algo distinto a la máscara, de que la máscara no era lo que ellos eran realmente.

«Hay que tener mucho cuidado con no confundir sus máscaras con su naturaleza real. Se necesita un ojo muy sutil para penetrar y ver su verdadera naturaleza. Hasta Arjuna, el discípulo y amigo más cercano de Krishna creyó que la máscara de Krishna era real; solo cuando el mismo Señor le bendijo con la visión divina, pudo Arjuna ver quién era Krishna en realidad. Hasta Lakshmana, el amado hermano de Rama, no le veía correctamente. Ser capaz de discernir la divinidad requiere un ojo muy, muy sutil. Se requiere una sutil forma de mirar para ver a los seres divinos. El verlos, de hecho, no es ver, es experimentar. Para experimentarlos, uno debe sumergirse en ellos, en su Ser real. Si posees esa sutileza de visión que te permite verlos, o si experimentas ese entrar en su verdadero Ser, sabrás que ellos no reaccionan jamás.

«Recordad; el mismo Rama que mató a Ravana, el mismo Rama que mató en unos segundos a miles de demonios armados hasta los dientes, pudo también permanecer inmóvil e imperturbable como una montaña cuando Kaikeyi le arrebató el reino que le pertenecía por derecho y lo envió al exilio. Rama no era impaciente, tampoco era un cobarde. Era tan fiero como el fuego de la disolución. Recordad su coraje cuando el océano no se rindió ante él[6]. Estuvo a punto de secar el océano entero, tal

---

[6] Con motivo de enseñar humildad a Indra, el orgulloso rey de los dioses, Sri Krishna ordenó que se suspendiese la ceremonia anual en la que Indra era objeto de adoración por parte de los pastores de vacas, y en su lugar se ofreciese ésta a la montaña Govardhana. Furioso, Indra hizo caer lluvias torrenciales

era su fuerza. Por tanto, si él lo hubiese deseado, hubiese podido recuperar su reino fácilmente; pero no lo hizo y en lugar de ello respondió, aceptó. Ved la belleza que ello encierra.

«En algunas personas, lo que aparentemente es una respuesta no nace del amor y del desapego, sino de la timidez y la cobardía. No hay belleza en esa aparente respuesta, así es como un monigote se comporta, totalmente pasivo, el miedo le dirige. Pero cuando Dios, el dirigente del universo entero y el Ser más poderoso, responde, existe en ello una inmensa belleza y es un experiencia edificante.»

Entre las personas que se habían reunido entorno a Amma se encontraba un niñito de cinco años, hijo de uno de los devotos. Uno de los *brahmacharis* dijo a Amma que el niño había cantado unos *bhajans* de forma muy hermosa el día anterior, Amma le miró y sonriendo le preguntó : «¿Es eso cierto hijo? El niño balanceó la cabeza con gesto indefinido. Con voz zalamera Amma le pidió que cantase un kirtan; sin el menor empacho el niño cantó:

Vedambike

Oh Madre de los Vedas
Oh Madre del Verbo, yo me postro ante ti
Yo me postro a tus pies, adorados por los dioses.

Tú que concedes el amor
Tú que concedes el resplandor del loto
Oh Tú que amas la música
transpórtame a través del océano del dolor.

---

para destruir las aldeas de los pastores. Para protegerlos, el Señor Krishna levantó la montaña con su mano y sosteniéndola con su dedo meñique la mantuvo sobre ellos durante varios días con sus noches. Así obtuvo el nombre de «Govardhana Giridhari» o «Aquel que sostuvo la montaña Govardhana».

Oh diosa de la sabiduría
Oh Parvati, Tú que haces el bien al mundo entero
Destructora del orgullo y de los renacimientos
Victoriosa seas.

La Madre es la vida de todas las criaturas
La Madre es la causa de todas las cosas
Postrado ante ti, unidas las manos
Te ruego, concédeme la liberación

Oh todopoderosa
Oh pura luz, me postro ante ti.

Durante un rato Amma estuvo observando intensamente al niño mientras cantaba, después entró en un estado de interiorización en el que permaneció hasta el final de la canción. Cuando el niño terminó de cantar Amma lo llamó junto a Ella, lo abrazó fuertemente y lo besó en ambas mejillas diciéndole, «!Que bien cantas, querido hijo de Amma!», y le dijo que se sentara junto a Ella. Pidió a Kunjumol que trajese unos caramelos y cuando llegó con una bolsa, Amma le dio al niño unos cuantos.

No habiendo recibido aún respuesta sobre cómo un ejecutivo o un administrador puede responder, al tiempo que cumple con sus obligaciones, el residente que había formulado la pregunta planteó de nuevo la cuestión.

Amma contestó: «Hijos, aunque viváis en el mundo como ejecutivos o administradores, vosotros podéis aprender a responder, a condición de que desarrolléis y cultivéis el desapego. Un ejecutivo o un funcionario puede cumplir sinceramente con sus obligaciones; si es necesario tiene que ser capaz de tomar una postura y mantenerla. Si los trabajadores están perezosos o desean estafar a la empresa, el ejecutivo debe tener la valentía y la autoconfianza necesaria para reconducir la situación y tomar las necesarias medidas contra quien sea preciso.

«Podéis enfadaros con la pereza de un trabajador pero no con el trabajador en sí mismo. La conciencia y la humanidad del trabajador debe ser respetada, porque no es diferente a la vuestra. En este sentido él y vosotros sois iguales. No os enojéis con la persona, si lo hacéis ello entorpecerá vuestra claridad de visión.

«Amma no comprende porqué razón tenéis que reaccionar y permitir que vuestra mente se hunda en un inmundo fangal de pensamientos. La reacción genera odio y el odio, hace de la mente un infierno. Igualmente, el enfado, la envidia y el incontrolado afán por nombre y fama hacen que la vida sea también un infierno. Se pierde la paz mental, desaparece en ti el amor y la belleza, y tu mente se convierte en una casa de locos. Tanto si eres un hombre de negocios como si eres el soberano de un país, la reacción no hará sino crear confusión y caos en ti. El mero hecho de reaccionar nublará tu visión, perderás tú discriminación y no serás capaz de hacer lo que debes. Puedes hacer algo equivocado que puede dar al traste con todo, algo que puede destruir la buena reputación de la empresa.

«Para poder tomar una decisión inteligente uno debe disponer de una mente calmada. Lo que llamáis presencia mental es un estado de la mente en el que ésta no se agita, sino que por el contrario permanece equilibrada, incluso en medio de graves problemas. Una persona que reacciona compulsivamente no puede ser un buen gobernante o administrador. Tampoco puede ser un buen médico, un buen ingeniero o un buen profesional en ningún campo. Fallará en un puesto de responsabilidad. Las reacciones incontroladas le llevarán lejos de la fortuna, lejos de cualquier oportunidad favorable y de las cosas buenas que pueden ocurrir en la vida.

«Vamos a mirar de cerca vuestras vidas. Cuando descendemos al nivel de seres humanos ordinarios vemos que, consciente o inconscientemente, en nuestra vida diaria nosotros respondemos. Pero verdaderamente no podemos decir que sea un estado sin reacción, sino más bien que es de reacción controlada, una reacción en la que no nos dejamos llevar por el enfado o el odio simplemente porque algo muy importante está en juego. Posiblemente en tu interior existen todavía sentimientos negativos, pero externamente los controlas hasta cierto punto, porque de lo contrario se podría provocar un desastre. Un gobernante puede hacerlo por la buena marcha del país y un ejecutivo por la buena marcha de la compañía.

«Supongamos que eres ejecutivo de una gran compañía y que los trabajadores han puesto una serie de demandas ante la administración. El líder de los trabajadores descontentos amenaza con convocar una huelga. Personalmente, tú piensas que sus demandas no son razonables y que sus tácticas son injustas, incluso ofensivas. En este tipo de situación, la emoción predominante que hierve en tu mente será el enfado, pero no lo expresas, porque si lo hicieses se aceleraría la protesta y empeorarías las amenazas de los obreros. Por eso, intentas controlar tu enfado y tu ira, intentas no devolver esos sentimientos negativos 'con la misma moneda' porque, si lo haces, provocarás un desastre. Viene a tu memoria el recuerdo de una situación del pasado en que tuviste una experiencia similar, de pronto te haces consciente del patrón que seguiste entonces.

«Anteriormente no pudiste controlar tu furia en contra de los agitadores y actuando irreflexivamente tomaste medidas extremas. La oposición reaccionó de forma similar contra ti, de hecho, fueron incluso peores. Ese incidente afectó a toda la empresa, a todos los trabajadores, no solo a aquellos que llevaban la voz cantante. Perdiste toda tu paz mental, tu vida familiar se vio afectada...; recuerdas todo lo que entonces sucedió y como la cadena de sucesos terminó en un desastre.

«Ese recuerdo te hace recuperar el sentido común; no deseas que aquello se repita, no quieres crear innecesarios problemas y así perder tu tranquilidad mental. La última vez, debido a tu descontrolada explosión, la compañía cerró durante varios meses, sufrieron muchas familias y tú vivías con el temor de lo que podrían hacerte en represalia. El recordar las adversas consecuencias que tuvo tu incontrolada forma de reaccionar, te lleva a discernir. Controlas tu enfado y tu volátil naturaleza, te calmas y haces que en tu cara se dibuje una gran sonrisa. Te reúnes con el líder de los descontentos y lo tratas cordialmente, le invitas a tu oficina y le ofreces un café. Expresas tu preocupación por el bienestar de los empleados. Con deliberada precaución explicas la situación de la compañía y le aseguras que harás cuanto esté en tu mano para llegar a un acuerdo. A esta forma de afrontar los problemas en la vida, tanto en la profesional como en la familiar, se le podría llamar respuesta. En realidad, en este caso también estabas reaccionando, pero ello no hirió a la otra persona porque el enfado que había en tu interior no se expresó. Le diste la sensación de que estabas preocupado por él y por sus problemas, creaste un sentimiento positivo en su corazón.

«No obstante, si lo investigas de cerca verás, que en el fondo eso era aún una reacción ya que el enfado seguía estando en tu interior. No dejaste que se expresase, pero no hiciste nada por que desapareciese. Circunstancias parecidas a esta aparecen muchas veces en la vida y tú actúas cada vez de la misma forma; la cadena de estas actuaciones se hace más y más larga. Externamente puede parecer que respondes, pero internamente no lo estás haciendo. Se trata solo de la represión de tus reacciones seguida de la expresión externa de algo que parece ser una respuesta, pero que en realidad no lo es.

«Hijos, no importa quién sois o qué sois, es posible responder si deseáis hacerlo realmente. Un ejecutivo o un administrador lo hace en ciertas situaciones, cuando se requiere una actuación diplomática en la que no se expresen sentimientos negativos. Por lo tanto, también podrá hacerlo en cualquier otra circunstancia, siempre que disponga de la determinación y sincero interés por practicar la respuesta; él tiene el potencial necesario para hacerlo, solo debe trabajar en ello. Solo debe practicar para digerir y asimilar el residuo acumulado en su interior que es el resultado de todos los incidentes anteriores. Una vez que se aprende como deshacerse de los residuos de la ira, odio y venganza reprimidos, uno se transforma en una fuente de tremenda energía con la cual se pueden acometer incluso las tareas llamadas imposibles. El ejecutivo o administrador tiene el poder o capacidad mental de hacerlo; que desee practicarlo o no es ya otra cuestión. Sin embargo, se necesita una cierta medida de amor y de desapego para tener la actitud de respuesta.»

Entonces surgió otra pregunta: «¿Cuál es la diferencia entre esa aparente respuesta del ejecutivo y la de un *sadhak* que está aprendiendo lo que es responder genuinamente?»

«Hijo, un buscador espiritual que se esfuerza duramente por conseguir un estado de perfección tendrá también ira y odio en su interior; también él se encontrará en situaciones en que perderá el control de su mente. Como el ejecutivo del ejemplo anterior, aquél que aprendió de los errores pasados cuando reaccionó incontroladamente, también el *sadhak* hará uso del recuerdo de experiencias pasadas para discriminar y controlarse a si mismo. Pero, a diferencia del ejecutivo, el *sadhak* trabaja constantemente sobre su ira y su odio, y se esfuerza por hacerse con el control de estas tendencias. A base de incesante práctica y fijando su mente en el ideal de la realización del Ser, sublima sus emociones negativas y, en su momento, el odio y otros sentimientos negativos quedarán erradicados.

«La diferencia estriba en que, mientras el buscador espiritual siente que desprenderse del odio es esencial en su vida, alguien como el administrador o el ejecutivo, por ejemplo, sienten tan solo que el control de su ira forma parte de su vida profesional. Su objetivo es atacar esa particular situación y nada más, piensa que tiene que ser capaz de controlar su furia cuando se presenta una situación provocativa, pero la furia que surgió en su interior va calando profundamente en su mente y queda allí depositada, a la espera de poder expresarse de nuevo.

«Como el ejecutivo, es posible que el *sadhak* tampoco exprese su ira en el momento en que se le provoque; o que bajo ciertas circunstancias, cuando se hace incontrolable, incluso la exprese; pero después meditará, orará y recitará su mantra para eliminar la ira y su auténtica causa. En la medida del interés del buscador, deshacerse de la ira y de otras tendencias negativas será el objetivo principal de su vida, su entera existencia estará dedicada a ello; por eso trabaja duramente por eliminar el ego y sus distintos aspectos. Eventualmente, a través de su esfuerzo constante y por la gracia del *gurú*, alcanzará el estado de perfección, donde no existe ego, pensamientos ni mente. Aquél que alcanza este estado es capaz de responder verdaderamente.»

Al avanzar la explicación, surgió otra pregunta: «Amma al oír tus explicaciones tengo la impresión de que la respuesta es un estado en el que no hay acción ni reacción, ¿es eso correcto?»

«Amma respondió: «Si, en el sentido último, no hay acción ni reacción, solo existe la actitud del testigo. Puede parecer que tú actúas o reaccionas pero no hay ni acción ni reacción, simplemente observas en silencio cómo tu cuerpo actúa o reacciona.

«Una genuina respuesta tiene lugar únicamente cuando te liberas completamente de la esclavitud del ego, cuando te conviertes en nadie o nada; hasta entonces el ego permanece escondido tras todas tus acciones, reacciones y aparentes respuestas.

«Este es el más alto nivel que se puede alcanzar, no hay otro después de este, es 'la cumbre'. Para alcanzar este nivel uno tiene que realizar intensas prácticas espirituales.»

Amma quiso escuchar una nueva canción, los *brahmacharis* la cantaron,

Katinnu katayai

Oh Madre tú que brillas como el Oído del oído
Mente de la mente y Ojo del ojo,
Tú eres la Vida de la vida
y tu Ser es la Vida de todo lo viviente

Así como el océano es a las olas,
Tú eres el Alma de las almas
Tú eres el Néctar del néctar del conocimiento.
Oh Madre! Tú eres perla del Ser inmortal
y esencia de la bienaventuranza,
Eres la suprema Maya y el absoluto en sí mismo.

La vista no puede alcanzarte
ni la mente comprenderte
Las palabras se desvanecen en tu presencia, Oh Madre.
Aquel que dice haberte visto no lo ha hecho en realidad,
Pues Tú, Oh divinidad, estás más allá del intelecto.

El sol, la luna y las estrellas no brillan por sí mismos
sino que reflejan tu fulgor,
A través de la discriminación puede el valiente recorrer
el sendero que conduce a la paz eterna, a la suprema Verdad.

Era un día soleado. Amma estaba sentada en una escalera situada frente a los canales de aguas remansadas. Unos cuantos niños del pueblo de pescadores estaban intentando coger algunos peces en sus aguas. Dos de ellos estaban en la orilla sosteniendo un barreño de arcilla mientras otro, que parecía algo mayor, se movía sigilosamente en el agua intentando capturar un pez con sus manos desnudas. De vez en cuanto se sumergía profundamente en las oscuras aguas apareciendo poco después con uno o dos peces en las manos. Amma observó atentamente a los niños durante un rato, después apartando la mirada Amma dijo, «Mirad a esos niños. Ellos son los que mantienen a su familia. Cada día pescan peces así, con las manos desnudas. Después venden el pescado a otras personas o en el mercado y con ese dinero, tan duramente ganado, esos niños compran la comida necesaria para sus familias. Incluso a tan tierna edad, esos pequeños soportan ya la carga de mantener a sus familias.»

Había gran preocupación en su voz. Amma llamó a los dos que sostenían el barreño. Ellos se acercaron y Amma les preguntó. «¿Habéis tenido hoy una buena pesca?». «No», respondieron los niños, y el mayor de los dos dijo: «El nivel del agua ha subido mucho con las lluvias, por lo que a nuestro hermano mayor le cuesta mucho coger el pescado suficiente.»

Amma miró dentro del barreño; en él había solo unos pocos peces pequeños. Ella miró al agua y al otro niño. El hermano mayor seguía buceando en el agua palpando con las manos en busca de más peces, pero no tenía éxito. Amma se volvió y le dijo a Kunjumol algo al oído, ella se levantó y se fue.

Al cabo de unos minutos Kunjumol regresó con una bolsa de plástico que contenía unas cuantas manzanas, un racimo de bananas, algunos dulces y otros alimentos. Además, Amma les dio un paquete de arroz y verduras frescas, lo suficiente para que una familia pudiese guisar uno o dos platos. Los niños estaban encantados, sonreían felices y llamaron a su hermano, «Anna, Anna (hermano mayor), Amma nos ha dado suficiente comida. Dejemos ya de pescar y vayamos a casa». «¿De verdad?», preguntó el mayor saliendo del agua. Después de pedir permiso a Amma, los tres regresaron alegremente a su casa.

Amor y compasión

Miércoles, 25 de julio de 1984

Era casi mediodía, Amma estaba sentada en la cabaña de *brahma-chari* Nealu pelando raíces de tapioca. Esta cabaña fue la primera que se construyó en el *ashram* y en ella vivió Amma con Gayatri durante casi dos años. En aquél tiempo, parte de la cabaña se utilizaba como almacén y cocina y allí se preparaban las comidas para Amma y el primer grupo de *brahmacharis*.

Entrada ya la mañana, Amma regresó de casa de unos vecinos devotos con unas raíces de tapioca en las manos. Mostrándoselas a todos, Amma dijo con la inocencia de un niño: «Amma las ha arrancado con sus propias manos, ahora las guisará y cuando estén cocidas Amma se las dará a sus niños».

Amma insistió en pelarlas y guisarlas Ella misma. Mientras pelaba y preparaba las raíces de tapioca uno de los *brahmacharis* preguntó. «Amma, ¿el amor y la compasión son lo mismo o son cosas distintas?»

«Cuando el amor se convierte en Amor Divino, la compasión llena también el corazón. El Amor es el sentimiento interior y la compasión es su expresión. En la compasión se expresa el interés, de todo corazón, que sientes por alguien, por un ser humano que sufre. Así que amor y compasión son dos caras de una misma moneda; las dos coexisten.

«Existen el amor y el Amor. Tú amas a tu familia, a tu padre, a tu madre, hermano, hermana, marido, esposa, etc. Pero no amas a tu vecino. Amas a tus hijos, pero no amas a todos los niños. Amas a tu padre y a tu madre, pero no amas a todo el mundo como les amas a ellos. Amas a tu religión, pero no a todas las religiones. Igualmente, amas a tu país pero no amas a todos los países. Por lo tanto, eso no es Amor, es solo amor. Lograr la transformación del amor en Amor es el fin de la espiritualidad. En la plenitud del Amor florece la hermosa, la fragante flor de la compasión.

«El 'amor' con minúsculas es limitado, su mundo es un pequeño mundo que contiene solo a unas cuantas personas y a unas cuantas cosas, es estrecho y cambiante. En ese pequeño mundo no hay grandes elevaciones, lo que aparentemente son cumbres no son, en realidad picos muy altos, solo se elevan un poco sobre el nivel del suelo, solo un poco. Dentro de nada esas pequeñas elevaciones se habrán convertido en terreno llano. En el amor hay altibajos, en su momento los 'altos' desaparecerán y solo habrá 'bajos'. Este cambiante amor solo puede transformarse en amor permanente si el sentimiento de 'yo' y 'mío' desaparecen.

«Mientras exista el sentimiento de 'yo' habrá otro de 'tú', y así el amor será siempre personal, se da entre dos personas, para amar hay que ser dos. El amor se hace impersonal solo cuando los dos desaparecen. En este estado de Unidad hay un constante flujo de amor, a partir de ese punto el Amor comienza a fluir de su auténtica fuente y en su fluir no piensa en lo qué hay en el otro extremo. Nada obstruye el flujo del Amor, es como el fluir de un río que no puede hacer otra cosa más que fluir. El río no piensa en el otro extremo, en el océano, pero la unión del uno con otro sucede naturalmente en el curso de su fluir. No hay cálculos de ningún tipo en esta unión; igualmente, cuando el sol brilla, brilla simplemente, no piensa en lo que sus rayos van a encontrar en el otro extremo, en la Tierra; el encuentro tiene lugar, simplemente.

«De igual forma, cuando los obstáculos- el ego, el miedo, el sentimiento de «el otro»- desaparecen, uno no puede ser más que amor. No se espera nada a cambio, no importa si se recibe o no algo a cambio; solo se fluye. Cualquiera que vaya al río será bañado por él, tanto si la persona está sana como si está enferma, tanto si es un hombre como si es una mujer, si es rico como si es pobre. Cualquiera podrá sumergirse en él cuantas veces quiera. Al río de Amor no le importa que alguien se bañe o deje de bañarse en él. No importa si alguien critica o insulta al río de Amor, él sigue fluyendo. Cuando el constante flujo de Amor se desborda y se expresa a través de cada palabra y cada acción, lo llamamos compasión.

«Compasión es la conciencia expresada a través de vuestras acciones y vuestras palabras. Compasión es el arte de no herir. La compasión no puede herir, no puede herir a nadie porque compasión es conciencia manifestada. La Conciencia no puede herir a nadie, igual que el cielo no puede herir o el espacio no puede herir, la manifestación de la conciencia, la compasión, no puede herir a nadie. Aquél que tiene compasión solo puede ser compasivo.

«La compasión no ve las faltas de los otros, no ve las debilidades de la gente. No hace distinción entre gente buena y mala. La compasión no puede dibujar una línea entre dos países, dos fes o dos religiones. La compasión no tiene ego, por lo tanto no hay miedo, codicia o pasión. La compasión simplemente perdona y olvida, la compasión es como un corredor, todo puede pasar por ella, nada permanece allí. La compasión es el amor expresado en toda su plenitud.

Alguien preguntó: «Eso es lo que hace un verdadero maestro espiritual, ¿no es cierto?»

«Si «, respondió Amma, «un verdadero maestro espiritual es ambas cosas, Amor y compasión en toda su plenitud. A veces su Amor se manifiesta como disciplina. Normalmente se

182

experimenta un cierto dolor cuando se está siendo disciplinado, pero la compasión del *gurú* nos libra de ello. Cuando se corrige o se riñe a alguien se hiere a su ego, se machaca su individualidad; esto es lo que menos le gusta a la gente. No quieren que se les llame la atención o se les corrija aun si están equivocados, por lo que la corrección entraña dolor. Tanto si es el padre quién disciplina al hijo, la madre a la hija o el profesor al estudiante, el dolor es inevitable; el segundo se sentirá herido por el primero y en muchos casos reaccionará. En muchas ocasiones aún sintiéndose herido no expresará su reacción, es posible que obedezca, pero al mismo tiempo se sentirá muy disgustado interiormente. Habrá gran dolor en su interior; puede que quiera protestar, pero por temor no hará nada. Es posible que esta situación se repita una y otra vez, y que sus heridos sentimientos, junto con ira y odio se vayan acumulando en su mente. Llegado cierto punto, toda esta acumulación de sentimientos negativos explotará. Es una lástima que esto ocurra en el proceso ordinario cuando se está intentando disciplinar a otra persona, aún cuando ello sea como consecuencia del amor. Aunque ese disciplinar nazca del amor del padre o de la madre, a veces el dolor permanece allí sin curar.

«Por otro lado, en la relación Maestro-discípulo (*gurú-sishya*), no hay sentimientos heridos en la mente del discípulo, no hay dolor ni profundas heridas, ni odio ni irritación en la mente del discípulo. La razón es que el discípulo acepta las correcciones y reprimendas del Maestro con una actitud positiva; se rinde completamente al *gurú*, sabe que todo lo que el *gurú* hace es por su bien. Pero el factor más importante es la compasión del *gurú* la cual tiene un tremendo poder curativo. Todo el dolor, el odio y otras actitudes negativas serán curadas por la compasión del *gurú*. Puede que en ocasiones, el discípulo se sienta herido, que se enfade con el *gurú* cuando este le riñe o le corrige, pero la compasión desbordante del *gurú* curará esa herida, ayudando al discípulo a ser positivo. La compasión del *gurú* disculpará el enfado del discípulo, la compasión del *gurú* todo lo perdona. La suprema compasión del *gurú* envuelve al discípulo completamente y suaviza todos los sentimientos negativos.

«Este efecto calmante de la compasión del *gurú* ayuda al discípulo a sentirse relajado, así, es capaz de recibir y absorber las correcciones del *gurú* con positiva actitud. La compasión hace que el discípulo sienta que es una parte del *gurú*, que él es el *gurú* mismo, que el *gurú* le ama inmensamente y que lo hace todo por su más alto bien. Sintiendo la compasión del *gurú* y observando su renunciación y generosidad, el discípulo comprende que el *gurú* no puede, en absoluto, ser egoísta. Así el discípulo no acumula ningún sentimiento negativo, aunque sienta dolor o se enfade de vez en cuando. Así el *gurú* puede corregirle sin que ningún rastro de las reacciones del discípulo quede en su interior. El padre o la madre no pueden eliminar los restos de las reacciones de la mente de su hijo o hija porque ellos no tienen compasión, porque el Amor no ha florecido completamente en ellos, son egoístas en sus palabras y en sus actos y por ello aplican la disciplina a la fuerza en sus hijos; la mayoría de las veces imponen sus ideas a sus hijos ignorando sus sentimientos. En cambio, el *gurú* no puede imponer la disciplina en sus discípulos porque él no es una persona, él no es el cuerpo, él no es el ego, él es la conciencia.

«Después de haber castigado o reprendido a un hijo por sus errores, los padres pueden llamarle y tratarlo con mucho cariño, pero el pensamiento de que le han reñido y obligado a obedecer permanece en su mente. En realidad los padres hacen lo siguiente, fuerzan a sus hijos a hacer las cosas de cierta forma en lugar de ser un ejemplo para ellos; no puede ser de otra forma, ya que son individuos limitados que actúan desde sus egos. Cuando actúan desde el ego no pueden hacer otra cosa más que tratar de imponer su voluntad en los otros, aunque lo hagan en nombre del amor.

En nombre del amor imponen sus egos en sus hijos; el hijo lo siente y, aunque después lo traten con cariño y afecto, los heridos sentimientos del niño permanecen intactos. El disgusto y la ira permanecen, no son eliminados.

«En la *gurú-sishya*, la relación Maestro-discípulo, en cambio es diferente. Después de disciplinar al discípulo a través de su puro amor, el Maestro le hace sentirse bien y confortable, expresándole en gran medida su compasión. Esto ayuda al discípulo a recibir correctamente la enseñanza, a ser un buen 'recipiente', así puede continuar siendo receptivo y positivo.

«En la relación Maestro-discípulo, no hay forzamiento; la sed interna que el discípulo siente por ir más allá de las limitaciones de su ego, junto con el desinteresado Amor y compasiva guía del Maestro, ayuda a que discípulo deje de almacenar ira en su interior.

«Cuando uno vive en el Amor, cuando todo el propio Ser se transforma en Amor, uno se hace compasivo. El Amor llena el corazón y rebosa en forma de compasión. En ese estado en que la mente y los pensamientos han sido completamente consumidos por el fuego del Supremo Amor, cuando la mente del buscador se convierte en algo semejante al espacio, lo que le hace descender es la compasión. La cualidad que hace al alma oír la llamada de los que se debaten en la oscuridad, es la compasión. Amor y compasión son básicamente lo mismo; son dos caras de una misma moneda.»

La Madre se detuvo unos instantes y durante ese tiempo un *brahmachari* se puso a cantar espontáneamente una canción en honor de Amma, *Kannadachalum turannalum...* Mientras cantaba, el *brahmachari* derramaba lágrimas de alegría y devoción...

Kannadachalum turannalum

Tanto si están abiertos o cerrados
Mi Madre reside siempre en mis ojos.

Con miradas llenas de compasión
A todos nos abraza.
Fundiendo el corazón con una lluvia de amor,
Mi Madre es, en verdad, un océano de felicidad.

Aún un ladrón y un tirano son
para mi Madre sus hijos queridos.
La denigren o la adoren,
de Ella fluyen siempre ríos de Amor

La dulzura que gusta la lengua no es la perfecta dulzura,
Perfecta dulzura es el amor de Dios
Y el sentido que permite disfrutar de ella
se obtiene solo a través de mi Madre.

Al final de la canción, el *brahmachari*, dijo con voz ahogada: «¡Oh Amma!, que tu compasión y gracia nos guíen siempre en el camino de la espiritualidad. Sin tu gracia no podremos alcanzar la otra orilla.»

Amma estaba muy complacida con su inocencia, pero respondió bromeando: «Vuestra Madre no tiene compasión, es un demonio. Tened cuidado, es bastante dura...» Todos rieron de su jocosa amenaza.

El *satsang* continuó. «La grandeza de nuestros antiguos santos es indescriptible, sin su compasión el mundo actual sería un infierno, es su renunciación y su compasión lo que lo sostiene. Todas las acciones incorrectas llevadas a cabo por el egoísmo de la gente son compensadas por las acciones amorosas y compasivas efectuadas por seres espirituales que son los únicos verdaderos benefactores del mundo. Su compasión supera nuestra comprensión; fluye incluso hacia aquellos que intentan destruirlos.

«Amma os va a contar una historia. Una vez un rey llevó al príncipe, su único hijo, a la ermita de un gran santo. Allí le iba a ser infundido el conocimiento de los *Vedas* y de los textos de otras Escrituras. Ese era el tipo de educación que existía en aquellos días, tanto si se trataba de un príncipe como de una persona corriente, los jóvenes debían pasar varios años de educación y disciplina bajo la guía de un maestro. Durante este período de tiempo los estudiantes debían permanecer con el maestro sin tener ningún contacto con sus padres o familia.

«Cuando el rey y su hijo llegaron a la ermita, todo estaba en silencio, parecía que allí no había nadie. Mirando por los alrededores encontraron finalmente al santo sentado bajo un árbol. Estaba en profundo *samadhi*, totalmente absorto y en el más absoluto olvido de todo lo que le rodeaba. Cuando finalmente el santo salió de su meditación, se postró inmediatamente ante el rey y le ofreció asiento.

«Al rey, sin embargo, no le parecía que estaba siendo tratado de la forma adecuada, teniendo en cuenta, sobre todo, que había tenido que andar por los alrededores en busca del santo y esperar a que saliese de la meditación. En lo más profundo sentía que había sido herida la imagen que de sí mismo se había forjado. Estaba acostumbrado a que le esperasen, no a tener que esperar a los demás, y eso era algo que no podía tolerar. Sintió humillante que él tuviese que esperar a los otros, después de todo él era el rey, y había que estar siempre dispuesto a servirle. Su ego estaba herido y comenzó a hervir de indignación. Lanzó al santo una fulminadora mirada mientras trataba de contener la rabia que crecía en su interior.

«'Su real majestad' dijo el santo educadamente, '¿puedo conocer el motivo de vuestra visita?'

Llegado este punto, la furia del rey explotó, '¿Acaso intentas burlarte de mi? Después de recibirme de esta manera me preguntas cuál es el motivo de mi visita? ¿Dónde están los residentes de este *ashram*?, ¿dónde están tus discípulos?' y añadió sarcásticamente, '¿Puedo también tener su *Darshan*?'

«El santo se excusó por no haber dado al rey un adecuado recibimiento; le explicó que desde que el *ashram* era una escuela de disciplina, a los estudiantes se les enseñaba a seguir estrictamente la rutina de su horario de estudio, trabajo, realización de ritos y *sadhana*. 'Yo mismo me encontraba en meditación', añadió el santo.

«Con esta aclaración el rey rugió, furioso: '¿Tratas también de insultarme?'

«Viendo que sus palabras no hacían mas que provocar la ira del rey, el santo dejó de hablar, se sentó tranquilamente y permaneció en silencio.

«Furioso como estaba, el rey consiguió controlar su rabia al tiempo que recordaba el motivo de su visita. Recordó que había ido a llevar a su hijo allí para que el santo lo educase. Aunque estaba enfadado porque su ego había sido herido, el rey controló su temperamento. No deseaba que el príncipe perdiera la ocasión de recibir una educación de primera clase bajo la guía de un maestro que tenía la más alta reputación del país gracias a su sabiduría y conocimiento. Por eso, cambió rápidamente de talante y haciendo gala de humildad se excusó por su exabrupto emocional y rogó al gran maestro que aceptase a su hijo como discípulo.

«El santo, que era la encarnación de la paciencia y la misericordia, aceptó rápidamente al príncipe como *sishya*. Cuando se hubieron puesto de acuerdo, el rey se alejó del santo con el rostro sonriente pero con el ego vapuleado.

«El príncipe era un estudiante brillante y un brillante discípulo. Su obediencia, disciplina y devoción al *gurú* le llevaron a ser el favorito del santo. Transcurrieron doce largos años durante los cuales el santo le enseñó todo lo que sabía. El príncipe se convirtió no solo en un verdadero maestro en el conocimiento de las Escrituras, sino también en el uso de todas las armas. Aunque ahora era un hermoso muchacho, el príncipe era humilde y continuaba siendo un devoto discípulo del gran santo.

«Al fin, la educación del príncipe había acabado y llegó el día de abandonar a su amado y reverenciado *gurú*. Con dolor en el corazón y con los ojos llenos de lágrimas el príncipe se presentó ante el maestro, y con humildad y gratitud le habló así: 'Oh tú que eres Santo, mi querido maestro, yo te pertenezco. Todo lo que tengo te pertenece, no soy nada ante tu gloria, ¿cómo podría pagarte por todo tu amor y compasión? Este humilde siervo espera tus palabras, ¿qué puedo ofrecerte como *gurúdakshina*?'

«El santo acarició cariñosamente a su querido discípulo. Lágrimas de alegría rodaban por sus mejillas mientras decía, 'Hijo mío, la obediencia, humildad y gran amor que me has mostrado son tu *gurúdakshina*. Ya has realizado tu ofrenda hijo mío, me la has dado ya'.

«Pero el príncipe insistió cariñosamente para que el santo aceptase de él algo como *gurúdakshina*, 'Deja que sea algo concreto, Oh Venerable, aún mi vida misma estoy dispuesto a dejarla a tus santos pies'. Abrazando a su querido estudiante el santo le dijo que en aquel momento no deseaba nada pero que se lo pediría llegado el momento. Con el permiso y las bendiciones del santo, el príncipe regresó al reino para vivir con sus padres, el rey y la reina.

«El rencoroso rey había estado esperando el día en que su hijo regresase tras haber finalizado sus estudios. No había transcurrido ni tan solo un día desde que el príncipe había regresado, cuando el rey, cuya mente estaba distorsionada por el deseo de vengarse de la humillación que su ego había sufrido, envió a sus soldados para que prendiesen fuego a la ermita del santo; tanto este como los eremitas fueron severamente torturados por los soldados y abandonados después en el bosque sin comida, ropa ni cobijo. Cuando los soldados le informaron sobre lo bien que habían cumplido su encargo, el cruel y egoísta rey se sintió feliz al pensar que había dado una buena lección al santo.

«A los pocos días del incidente, el rey anunció que pronto se retiraría y que su hijo sería coronado. Antes de su coronación y de entrar en esa nueva etapa de su vida, el príncipe deseaba recibir el permiso y la bendición de su amado maestro. Montando un corcel cabalgó hasta la ermita, ignorando totalmente la cruel acción de su padre. Al desmontar de su caballo, el príncipe creyó que se había equivocado de camino y que había llegado a otro lugar. El lugar donde había estado la ermita, estaba desierto. Tras vagar por allí durante un rato, encontró a su amado maestro sentado bajo un baniano y profundamente absorto en meditación. Ahora, mirando a su alrededor pudo darse cuenta de que la ermita había sido incendiada hacía poco. El príncipe esperó hasta que el santo salió de la meditación. Cuando finalmente abrió los ojos, el príncipe se postró ante él y le preguntó que es lo que le había ocurrido a la ermita. 'Nada, hijo mío' respondió el gran alma, 'algún incendio del bosque, no te preocupes por eso. Dime la razón de tu visita'

«El príncipe sintió que algo andaba mal e insistió repetidamente en saber qué es lo que le había ocurrido a la ermita, pero el santo no dijo ni una sola palabra. Finalmente, los otros estudiantes se decidieron a hablar y le explicaron la verdad. En cuanto oyó la terrible historia, el príncipe quedó conmocionado y totalmente paralizado. De vuelta a la conciencia, sus dientes rechinaron de rabia, su mano se dirigió automáticamente hacia el mango de su afilada espada y, al instante siguiente, el furioso príncipe saltó sobre su caballo. '¡Estás muerto, cobarde!' rugió, e inició una trepidante cabalgada.

«Con un ágil movimiento, el santo saltó ante el caballo. Intentó detener al príncipe, pero estaba tan furioso que todos los intentos por calmarle resultaron vanos; todos los consejos y advertencias del santo cayeron en oídos sordos. A su lado, el príncipe estaba furioso y determinado a vengar todo lo malo que su padre le había hecho a su maestro. Finalmente el santo dijo: 'Muy bien, puedes irte. Pero antes de que te marches quiero que me des el *gurúdakshina* que me prometiste. ¡Y lo quiero ahora!'.

«Al oír estas palabras de su *gurú*, el príncipe desmontó del caballo y rogó al *gurú* que le pidiese lo que quisiese. El gran santo respondió sonriendo: 'Quiero que libres a tu padre del castigo que estás a punto de imponerle. Este es el *gurúdakshina* que deseo de ti'. El príncipe se quedó sin habla y todo lo que pudo hacer fue contemplar el radiante y compasivo rostro de su *gurú*; después rompió a llorar y cayó de rodillas ante sus benditos pies.»

Así finalizó Amma la historia. La forma de explicarla había sido tan viva y poderosa que había creado una atmósfera saturada de divino amor y compasión. Profundamente afectados, los *brahmacharis* y dos *brahmacharinis*, derramaban lágrimas en silencio al sentir y experimentar, verdaderamente, la compasión del santo. Siguió un largo silencio meditativo. Fue tan poderoso y subyugante que nadie pudo hablar ni moverse durante cierto tiempo. Fue como si la experiencia de la compasión hubiese provocado que todo permaneciese en calma.

Pasaron varios minutos. Entonces la voz de Gayatri rompió el silencio, 'La raíz de tapioca ya está cocida y lista para servir.» Amma distribuyó unos pocos trozos a cada uno diciendo. «Cuidado, está muy caliente, no os queméis la boca.» Así, después de conceder a sus hijos otro querido recuerdo que acariciar, Amma abandonó la cabaña.

Viernes, 27 de julio de 1984.

Hacia las cinco y media de la tarde Amma expresó el deseo de ir junto a la orilla del mar con los residentes del *ashram* y los devotos visitantes. Tras varios días de cielos grises y lluvia, los dorados rayos de la puesta de sol atravesaron las nubes, cuando el grupo encabezado por Amma llegó junto al mar. Amma se quedó contemplando el vasto océano y las gigantescas olas, estas se acercaban hasta donde Ella se encontraba como si quisieran tocar los santos pies de la Divina Madre, para regresar de nuevo al océano después de habérselos lavado. Mientras permanecía allí, el porte de Amma reflejaba su magnificencia. Balanceándose suavemente, Amma mantenía la mirada fija en el horizonte.

Los devotos y *brahmacharis* se sentaron a meditar pero mantenían la mirada fija en su figura.

Embarcaciones de varios tipos estaban varadas en la playa ya que las fuertes lluvias habían impedido a los pescadores salir a echar sus redes en el mar. Hacía mucho tiempo que «Madre Mar» no los bendecía con una buena pesca, excepción hecha del día en que Amma les ayudó. Las redes, tendidas a secar sobre la arena, estaban siendo recogidas por los hombres.

Permaneciendo aún en el mismo lugar, Amma disfrutaba beatíficamente de la infinitud. Su oscuro y rizado cabello danzaba en la brisa del océano; su ondeante velo blanco parecía un jirón de nube flotando en el cielo. El movimiento de su cuerpo cesó y Ella permaneció inmóvil, con los ojos totalmente abiertos; se encontraba en un estado de total absorción interior.

Lentamente, el sol comenzó a introducirse en el océano. Con más de la mitad de su fiera órbita aún visible, embellecía el horizonte con sus dorados rayos; más tarde desapareció como si se hubiese sumergido en la profundidad de sus aguas. Eran casi las seis y cuarto cuando el translúcido velo de la oscuridad se extendía por todas partes. Los niños de los pescadores que alborotaban en la orilla abandonaron sus juegos y emprendieron el regreso a sus casas, pequeñas cabañas hechas de hojas de cocotero entretejidas y postes de bambú. El constante rugir del océano sin fin evocaba un sentimiento de atemorizante pero inspirador respeto. Mientras el soleado día llegaba a su fin, negros nubarrones de lluvia cubrieron lentamente todo el cielo añadiendo drama al crepúsculo.

Amma permanecía aún inmóvil, no hacía más de cuarenta minutos que había llegado al borde del agua. Su manto blanco seguía flotando al viento, pero no había más movimiento que ese. Preocupados, Gayatri y *brahmachari* Rao se acercaron a Ella para asegurarse de que se encontraba bien. Sensibles a los estados de *samadhi* de la Madre, no sabían muy bien qué hacer, ya que amenazaba lluvia. Alguien sostuvo un paraguas sobre Amma... Obviamente movido por la belleza y la tensión de la escena, *brahmachari* Pai empezó a cantar slokas de Shankaracharya...

Deseo de liberación no tengo,
no anhelo conocimiento y riqueza,
tampoco deseo felicidad,
Oh Tú, cuyo rostro asemeja la luna;
por mucho que te suplique, Oh Madre,
que mi vida se emplee en recitar tus nombres...

Oh Madre del universo,
no hay nada de que admirarse
tan solo que Tú estés llena de compasión por mi,
porque una madre no abandone a su hijo
aún cuando cometa innumerables faltas.

Sobrepasando el sonido de las olas, la canción encontró eco en el anochecer. Algunos pescadores salieron de sus cabañas y se acercaron a ver qué sucedía, pero como estaban acostumbrados a lo que ocurría alrededor de la Madre, la mayoría de ellos desapareció pronto volviendo a sus casas mientras que unos pocos se quedaron por allí como espectadores.

La canción no fue cantada en vano, sirvió a su propósito. Al poco rato se apreció un pequeño movimiento en el cuerpo de Amma, primero se movieron los dedos de su mano derecha, después hubo el peculiar pero familiar sonido que Amma emite algunas veces cuando sale del *samadhi*. Al oír, todos respiraron aliviados. Unos momentos después Amma había recuperado totalmente su estado normal de conciencia.

Eran casi las siete cuando Amma y el grupo regresaron al *ashram*. Unos pocos *brahmacharis* que se habían quedado allí habían comenzado ya los *bhajans* de la noche.

ॐ

Capítulo 8

Lunes, 30 de julio de 1984

Era una tarde tranquila. El *ashram* parecía desierto, todo el mundo estaba en su habitación leyendo o atendiendo sus quehaceres. *Brahmachari* Balu estaba sentado en el porche del templo hablando con un hombre de mediana edad que había llegado del este de Kerala. El hombre estaba explicando a Balu como Amma había curado su cáncer. Durante los cuatro últimos años había padecido un cáncer intestinal. A partir del momento en que se le diagnosticó, siguió diversos tratamientos tanto alopáticos como ayurvédicos, pero a pesar de ellos y de toda medicación, la enfermedad persistía. Sufría un intenso e insoportable dolor en el estómago que le llevaba a pasar innumerables noches en blanco. A pesar de pertenecer a una familia de pocos recursos, recibía un buen tratamiento médico gracias a la generosa ayuda de amigos y médicos. Los médicos hacían lo que podían, pero él no experimentaba ninguna mejoría, el tiempo pasaba y su estado empeoraba más y más; finalmente, los médicos dieron por perdida toda esperanza y le recomendaron que dejase toda la medicación. Aún creyendo que estaba en los últimos días de su vida, no perdió su fe en Dios, oraba y cantaba casi todos los días.

Un día, ayudado por su hermano y su cuñada, fue a ver a Amma por primera vez. Durante el *Devi Bhava*, cuando Amma le preguntó por su situación, le habló de su incurable enfermedad y le rogó que hiciese lo que considerase más oportuno. Amma le dio a beber un sorbo de agua sagrada de su kindi después de bendecirla tomando ella misma un poco, además, Amma le dio también un poco de esa misma agua para que se la llevase a su casa, dándole instrucciones de beber un poco cada día.

«A partir de aquél día empecé a sentirme mucho más relajado y mejor, el dolor disminuyó y al poco tiempo había desaparecido totalmente, podía comer normalmente y dormir bien por las noches. Ahora estoy completamente bien, hace ya un año de eso y yo continúo tomando cada día el agua sagrada de Amma. Tengo siempre una reserva en mi cuarto de meditación. Amma me ha bendecido con un segundo nacimiento, mi vida le pertenece.»

Aunque había deseado que se cumpliese la voluntad de Amma, él no pidió ser curado, no pidió nada. Incluso cuando Amma le preguntó por su enfermedad, él no le hizo ninguna sugerencia, tan solo oró así: «Que se cumpla la voluntad de Amma». Eso es verdadera oración. La verdadera oración es cuando oramos sin ego. Hay que apartar al ego, solo entonces es posible la verdadera oración. Expresó una auténtica oración y obtuvo respuesta. Las auténticas oraciones siempre son escuchadas.

Amma dijo: «Una verdadera oración no contiene nunca sugerencias, instrucciones o demandas, el devoto sincero dice simplemente: «¡Oh Dios mío!, yo no sé lo que es bueno o lo que es malo para mi. Yo no soy nadie, no soy nada, Tú lo sabes todo. Sé que todo lo que haces es lo mejor para mi, por tanto, hágase tu voluntad». En la verdadera oración uno se postra, se rinde y se declara indefenso ante el Señor.

Mientras el devoto estaba sentado en la veranda, esperando para el *darshan* de Amma, Ella acertó a pasar por allí. Al verla, él se precipitó ante Ella y se postró de rodillas. Amma lo levantó afectuosamente y le preguntó por su salud y por la familia. El hombre estaba rebosante de alegría, excitado replicó: «Amma, ¿cómo va a haber algún problema cuando Tú me estas guiando tanto en lo interior como en lo exterior?».

Entrega

Tras dedicar unos minutos a su devoto, Amma entró en la cocina. Las *brahmacharinis* y las otras devotas que trabajaban allí no esperaban esta visita sorpresa. Ciertamente, las visitas de Amma son siempre así, y las mujeres estaban seguras de que, como siempre, las iba a pillar en algo mal hecho. Aguardaban nerviosas mientras Amma miraba por ahí pero, para su sorpresa, lo que hizo Amma fue sentarse simplemente en el suelo. Tomo un pepino del rincón donde se almacenaban las verduras y empezó a comérselo. Tras darle varios mordiscos, Amma se lo dio a una de las mujeres que lo recibió con alborozo mientras las demás sentían, probablemente, una punzada de envidia.

Amma hace a menudo cosas asi cuando todos los residentes se encuentran a su alrededor. Entonces Ella observa la expresión y actitud mental de todos, para ver si en la mente de alguien está apareciendo algún sentimiento negativo. Si alguna persona está sintiendo envidia, Ella lo capta inmediatamente

Parecía que las mujeres estuviesen celebrando algo, pues ese día sólo se veían rostros sonrientes. Todas estaban contentas y excitadas. Normalmente se suelen quejar de que deben trabajar, y de que tienen que pasar la mitad de su tiempo en la cocina, guisando, sudando y trabajando..., a pesar de que ellas lo han dejado todo para estar constantemente con Amma.

Todas los que trabajaban en la cocina se sentaron alrededor de Amma. Ella empezó a cantar Radhe Govinda, mientras ellas iban cantando las respuestas de la canción. Amma rodeada de todas las mujeres y las niñas recordaba a Krishna rodeado por las Gopis de Brindaban. Después cantaron otra canción:

Ellam ariyunna

*¿Qué necesidad hay de decir nada
al omnisciente Krishna?
Él lo sabe todo,
está siempre junto a nosotros.*

*El Ser primordial conoce
nuestros pensamientos más íntimos
Quién olvida al Señor
nada puede ya hacer.*

*El Señor primordial es omnipresente.
Todos nosotros deberíamos adorar con alegría
a esa encarnación de la Verdad y la presencia pura.*

Tras esa canción Amma se sentó en el centro riendo y bromeando; después su actitud adoptó un tono mas serio.

Amma dijo: «La Madre ya sabe que a veces os quejáis del trabajo que tenéis en la cocina. Hijas, la espiritualidad no es otra cosa más que dejar, de todo corazón, a un lado nuestra felicidad por el bien de los demás. No debe haber en ello ningún sentimiento de descontento o queja. Normalmente, cuando la gente renuncia a algo experimenta en su interior muchos conflictos. Comienzan a pensar de nuevo sobre ello y sienten que tal vez han cometido un error. Eso no es verdadera renunciación. Si cuando dejas algo continúas sintiéndote mentalmente apegado a lo que dejas, eso significa que realmente no lo has dejado.

«De hecho, lo que tienes que abandonar es el apego al objeto. Puedes poseer el objeto y disfrutarlo, si no estas apegado a él. Dejamos algo externamente para poder estar internamente libres de ataduras con ese objeto. El desapego es lo que nos aporta paz y felicidad. La verdadera renunciación y desapego llegan solo cuando hemos abandonado todos los pensamientos y sentimientos relacionados con aquello a lo que hemos renunciado.

«La Madre ha visto a mucha gente que se siente desgraciada y frustrada por algo a lo que renunciaron hace ya mucho tiempo. Con voz llena de desencanto, una persona asi dice años después: 'Que loco fui al dejar aquello'. Aunque hace años que no lo ve, la persona carga todavía con el peso de aquello que renunció. No está libre de él aunque transcurran muchos años. Internamente sigue todavía apegado. Esta clase de persona no puede experimentar la alegría de la libertad, nunca está relajado. Cuando todavía poseía el objeto no sentía ese sufrimiento mental, disfrutaba poseyéndolo, el mero hecho de pensar que era suyo le hacía feliz. Pero ahora sufre terriblemente, 'No debería haberlo hecho, nunca debí dejarlo..', se dice a si mismo una y otra vez, cien veces al día.

«Cuando renunciéis a algo sentiros felices por ello, olvidad incluso que fue vuestro. También es erróneo pensar que habéis abandonado algo. No lo sintáis así, sentiros relajadas y dejaros llevar. Daros cuenta de que estáis libres, libres de esa carga. El objeto de vuestro apego constituía una carga y ahora ha desaparecido. Si podéis sentir la carga que supone el apego a las cosas, podréis sentir también el descanso y la suprema felicidad que generan el desapego y la renunciación.

«Hijas, es cierto que habéis dejado vuestras pertenencias y vuestros hogares para venir a pasar el resto de vuestras vidas junto a Amma. Pero, ¿los habéis dejado realmente? Todavía decís: 'Lo abandonamos todo por estar en la presencia física de Amma, pero seguimos trabajando en la cocina, igual que hacíamos en casa'. Eso significa que realmente no los habéis abandonado, porque parece como si estuvieseis decepcionadas de haberlo hecho. Seguís con el pensamiento de: 'Hemos dejado nuestra casa y todo lo demás'. Este constante pensamiento deja bien claro que todavía seguís arrastrando con vosotras vuestra casa y vuestras cosas.

'Hijas, tratad de relajaros y dejaros llevar respecto a eso. Intentad sentir que os habéis liberado de un gran peso, y sentiros felices de estar realizando aquí este trabajo, porque no lo estáis haciendo para vosotras, estáis sirviendo a todos aquellos que vienen aquí. Ellos son devotos de Dios. Vosotras sois las que cocináis para ellos, esa comida les da a la vez fuerza física y mental para recordar a Dios. Es un gran servicio el que estáis haciendo. Al servir a los devotos de Dios estáis sirviendo a Dios. Considerad este trabajo como una *sadhana*.»

Una *brahmacharini* preguntó: «Amma, se dice que una persona espiritual no debe esperar una palabra de gratitud por el servicio que hace a los demás. Amma, ¿eso qué significa?»

«Es correcto», contestó Amma. «Un verdadero buscador no debe esperar ni tan solo una palabra de agradecimiento. Suponed que hacemos un servicio a alguien. Lo realizamos a la perfección, entonces la persona viene con sus amigos y parientes a verlo. Les gusta mucho, están encantados y alaban el trabajo que hemos hecho. Expresan su gratitud con floridas palabras. Mientras todo esto sucede, mientras te cubren de elogios y de palabras de gratitud tú sigues siendo humilde, puede que incluso digas: 'Oh por favor!, no digáis eso, no merezco tantos elogios. Yo no soy más que una herramienta, es Él, el Ser Supremo quién lo hace todo a través de mí. No soy nada sin su gracia. Por favor, postraros ante Él derramad sobre Él todos estos elogios. Él es, en verdad, quién lo ha hecho todo, no yo'. Pero esas no son más que palabras superficiales, no surgen de lo más profundo de vuestro interior. En realidad, no sois humildes, solo lo pretendéis. Habéis realizado un gran espectáculo de humildad; es simple psicología. Deseáis que los demás piensen que sois un humilde devoto desprovisto de todo sentimiento egoísta. Pero en realidad, todos los elogios y las floridas palabras que ellos han pronunciado llegan a vuestro corazón y comenzáis a sentiros orgullosos. Pensáis: 'No soy un alma ordinaria', 'Debe de haber en mi algo especial, ¿cómo si no podría haber realizado tan bien este trabajo? Mira toda esta gente alabando mis habilidades y mi trabajo. Debo de ser grande, realmente'. De esta forma, un pensamiento tras otro va aumentando vuestro ego.»

«Incluso una simple palabra de agradecimiento puede llegar a afectar de esta misma forma. Se coloca en vuestra cabeza y hace que sintáis que sois algo especial. Como *sadhakas* (buscadores) nos esforzamos duramente en sentir que no somos nada y que Él lo es todo. Pero esas circunstancias trabajan en nosotros de una forma muy sutil. Incluso sin darnos cuenta, podemos aumentar la carga de nuestro ego con los elogios y las palabras de agradecimiento. Por eso, si deseáis ayudar a alguien, estupendo, hacedlo, pero no sintáis que los otros tienen que agradecéroslo o elogiar lo que habéis hecho.

«Constituye un hábito en nosotros el esperar siempre algo a cambio de nuestra ayuda, una sencilla palabra de agradecimiento o una frase de elogio como: 'Has hecho un magnífico trabajo, te estamos muy agradecidos'. Eso es suficiente para que uno sienta una pizca de orgullo, para que sienta que ha hecho algo maravilloso. El mero pensamiento de: 'Lo he hecho yo', es alimento para vuestro ego. Cuando el ego es alimentado, se siente pletórico.

«Cuando hacemos un donativo o una ofrenda en un templo, iglesia o institución espiritual, en nuestro fuero interno estamos deseando que los otros lo sepan, siempre esperamos algún tipo de reconocimiento o de agradecimiento. Deseamos que se reconozca nuestra magnífica acción. Queremos que alguien diga públicamente que ese generoso filántropo de gran corazón ha llevado a cabo algo sublime, algo maravilloso para la sociedad. Sin halagos no nos sentimos satisfechos.

«Os voy a explicar la historia de un gran *mahatma* que trabajaba como sacerdote en un templo. Era un alma completamente entregada, no quedaba en él el menor rastro de ego. Un día, un multimillonario hizo donación al templo de una importante suma de dinero. Después, el hombre rico comenzó a hablar al sacerdote sobre la gran suma que había donado. Decía que incluso para un hombre tan rico como él, se trataba de una cantidad enorme y repetía lo mismo una y otra vez. El *mahatma* permaneció silencioso durante un buen rato, pero, cuando se percató de que el hombre no iba a parar, le dijo: 'Muy bien señor, ¿qué desea usted?, ¿está esperando algo?, ¿algo a cambio?, ¿unas palabras de elogio o de agradecimiento?' El hombre rico respondió: '¿Qué hay de malo en ello?, ¿qué menos puedo esperar?'. El *mahatma* lo miró sonriendo y le dijo: 'Si es así, vuelva a coger su dinero, no lo queremos. Usted debería estar agradecido al Señor por dignarse aceptar esta cantidad. Debería sentirse satisfecho al pensar que tiene usted la oportunidad de devolver al Señor, aunque sea una pequeña parte de toda la riqueza que Él le confió. Debería agradecer a Dios el haberle dado una oportunidad para servirle. Si no es capaz de agradecérselo, por favor, llévese este dinero.'

«Hijas, esta debe ser nuestra actitud. ¿Quién somos nosotros, los deudores, para pedir o esperar algo de Él? Nuestro dar no es más que una restitución. Nosotros no podemos darle nada a Él, solo podemos restituir lo que debemos a Dios. A eso lo llamamos 'dar', pero es un error. Para ser espirituales, para no tener ego, lo cual es nuestro objetivo en la vida, debemos ser capaces de sentirnos agradecidos a Dios por todo. No dejéis que el 'Yo' entre en vosotros. Dejad que solo el 'Tú' exista, la actitud de que todo es 'Tú'. No pidáis nunca nada, dejad que sea Él quien decida qué dar y qué no dar».

«Hijas, esta oportunidad que tenéis de trabajar y servir a los devotos y *sadhaks*, debéis considerarla como un preciado don que Dios os ha concedido para que consumáis más rápidamente vuestro prarabdha o tendencias acumuladas. Servir y cocinar para los devotos de Dios no es cualquier cosa, es una rara bendición, sois realmente las más benditas del *ashram*. Cuando vivíais en vuestras casas, preparabais la comida solo para vuestro esposo e hijos, para una pequeña familia de cinco o seis personas. Cocinar con amor para la propia familia no supone un mérito, pero cocinar para otros con amor y dedicación es un acto de grandeza. Es, definitivamente, algo que os purificará, os elevará y finalmente os llevará hasta el objetivo. Deberíais agradecerle a Dios el haberos dado una oportunidad para que os eligiesen para trabajar en la cocina. Sea cual sea vuestro trabajo en la cocina, la vaquería o los servicios, dejad que ello sea vuestro templo. Haced de vuestro puesto de trabajo vuestro lugar de adoración, el lugar donde realizáis vuestra *sadhana*. No os quejéis. Sentiros felices y bendecidas, y llevad a cabo vuestro trabajo de todo corazón.»

De pronto la disposición de ánimo de Amma cambió. El Gran Maestro que había estado exponiendo con energía incuestionable la más alta Verdad, desapareció; en su lugar había un juguetón e inocente niño de dos años. Amma se tumbó en el desnudo suelo de la cocina, poniendo su cabeza en el regazo de una de las mujeres y los pies en el de otra. Inesperadamente, Amma dijo: «¿Donde está el pepino que me estaba comiendo?, quiero mi pepino». El pepino se lo había acabado la devota que lo había recibido de Amma. Verdaderamente, ¿quién puede resistirse a comer el *prasad* de Amma? Rápidamente, alguien cogió otro pepino y se lo ofreció a Amma. Ella lo miró y lo apartó en seguida como un niño enfurruñado, diciendo: «No, no quiero este, quiero el mío, el que me estaba comiendo».

Cayendo bajo el influjo de la actitud infantil de Amma, algunas de sus antiguas devotas se pusieron a actuar como verdaderas madres preocupadas por su pequeña hija. Intentaron convencerla para que aceptase el nuevo pepino, pero no tuvieron éxito. Otras, emocionadas, seguían la escena con gran devoción.

Amma lloriqueaba como un niño y pedía una y otra vez el pepino que antes había mordisqueado. Al final, cuando no lo consiguió, agarró por el cabello a la devota que se lo había comido. Estando en esta posición, agarrando todavía el pelo de la mujer con la mano, Amma entró en *samadhi*. Al cabo de un rato se levantó y salió de la cocina. Amma entró en el templo y cerró la puerta, permaneciendo en su interior casi una hora.

Refiriéndose a Si misma Amma dijo una vez, «Se necesita algo --un deseo, un objeto, un pensamiento-- para mantener a la mente aquí abajo, en el plano físico, de otra forma resulta difícil impedir que la mente vuele hacia lo alto. Cuando el cuerpo expresa un deseo, es precisamente por este motivo».

La anécdota del pepino debe de haber sido uno de esos juegos.

ॐ

Capítulo 9

Viernes, 3 de agosto de 1984

Todos los residentes del *ashram* participaban en la operación de limpieza que había comenzado a las diez de la mañana. Sin duda, cuando Amma estaba allí trabajando con todo el grupo, a nadie se le ocurría dejar de participar. En esas ocasiones, todo el mundo rebosa energía gracias a la presencia de Amma; es fácil sentir la alegría de la acción desinteresada. Trabajar junto a Amma es una maravillosa experiencia. Irradiando luz y energía espiritual, Ella participa activamente en todo el trabajo del *ashram*. Amma no deja nunca de inspirar a los residentes, sea cual sea el trabajo que realicen.

Esa mañana en particular todos los residentes estaban trabajando duro, cantando los Divinos Nombres y sintiendo gran entusiasmo y vigor mientras trabajaban. Amma cantaba mientras realizaba el trabajo con inmensa alegría. Todos juntos cantaron:

Adbhuta Charite

Oh Tú, ante la que se postran los seres celestes
Cuya leyenda es maravillosa.
Concédenos la fuerza de ser devotos a tus pies.

Te hacemos ofrenda de todas nuestras acciones,
esas que hicimos en la oscuridad de la ignorancia.
Oh Tú, protectora de los desesperados,
perdona nuestras impertinencias,
Oh soberana del universo

Oh Madre, brilla en mi corazón
como el sol que se eleva en la aurora.

Dame una mente de visión ecuánime
Libre del intelecto que crea las diferencias.

Oh gran Señora,
Causa de toda acción, buena o mala.
Tú que liberas de toda atadura,
Dame por sandalias, en el camino de la liberación,
todas las virtudes esenciales,
La esencia de todos los principios.

Se diría que Amma estaba en todas partes, se la vio en un lugar barriendo, en otro transportando arena y ladrillos y en otro más cortando leña, sacando porquería...

No creáis que el mundo cambia después de que uno ha alcanzado la realización del Ser. Exteriormente, todo permanece igual, nada cambia realmente. Los árboles, las montañas, los valles, los ríos y los arroyos, los pájaros cantando en las ramas de los árboles, todo permanece igual. El mundo sigue su curso, pero en el interior ocurre un cambio indescriptible, tu entero ser se transforma. Ves las cosas de otra forma, con nuevos ojos, enteramente distintos. Habrá en ti una inexplicable calidad, así como en el trabajo que realices. Una constante corriente de belleza embriagadora fluye de tu interior. Como un niño inocente te maravillas ante todo lo que contemplas.

Cuando se observa a Amma de cerca, uno puede apreciar claramente en Ella esa cualidad Hay una especial belleza en todo el trabajo que realiza. Esa belleza puede percibirse en todas sus acciones, en todos sus movimientos. Hace el trabajo como los demás, pero al hacerlo se diría que encanta y arroba el corazón. Lo hace con el placer y el encanto de un niño inocente y es esa inocencia infantil la que nos envuelve. La totalidad del Amor en el que Ella está establecida puede percibirse en todo lo que hace.

El trabajo estaba prácticamente terminado. Amma se sentó en la arena y pidió a Gayatri que trajese café y algo de comer para todos. Normalmente, después de un trabajo en grupo como aquel, a Amma le gusta servir a todos como *prasad* una bebida caliente y repartir algo ligero como chips de banana.

Amma levantó ambas manos y gritó, «Hey...Shivane...» Después recalcó: «Este 'viejo' es un inconsciente... No se preocupa de nada.» Todo el mundo rió encantado.

La espiritualidad es la verdadera riqueza

Uno de los residentes, aprovechando la ocasión para aclarar alguna de sus dudas preguntó: «Amma, existen diferentes versiones sobre lo que es la espiritualidad. Se dice que la quietud de la mente es espiritualidad o que la espiritualidad es el estado de silencio. La renuncia a los deseos y a la acción sin deseo es espiritualidad. La expansión de la mente es la verdadera espiritualidad. Estas y otras muchas, son diferentes visiones que existen sobre la espiritualidad. Amma, ¿qué dices Tú al respecto?»

Amma respondió: «La espiritualidad es todo lo que has mencionado. Es quietud mental, un estado de silencio. También es renunciación o un estado sin ego. La quietud es algo que se debe experimentar, todo lo que has mencionado se tiene que experimentar. Se pueden escribir muchos volúmenes sobre la espiritualidad, se pueden componer hermosos poemas sobre ello y cantar bellas canciones. Se puede también hablar durante horas sobre espiritualidad en un hermoso y florido lenguaje, pero aún así, la espiritualidad seguirá siendo desconocida para ti hasta que no experimentes realmente su belleza y su felicidad en lo más hondo de ti.

«Hijos, espiritualidad es la verdadera riqueza. La espiritualidad es la riqueza interna que ayuda a renunciar a toda riqueza externa, a través de la comprensión de lo inútil de todo bien exterior. Es la riqueza la que ayuda a ser : 'más rico que el más rico'. Es la realización de que solo Dios, solo el Ser, es la verdadera riqueza. La espiritualidad es la riqueza que nos ayuda a manejarnos bien por la vida.»

Amma se detuvo un instante y continuó explicando una historia.

«Una vez un aldeano tuvo un sueño. El Señor Shiva apareció ante él en el sueño y le dijo: 'Mañana al alba ve a las afueras del pueblo. Allí encontrarás a un *sanyasin*. Pregúntale por una piedra preciosa que te convertirá en un hombre rico para siempre'. Esa noche, el hombre no pudo dormir pensando todo el tiempo en la piedra preciosa que iba a conseguir. Finalmente, cuando se hizo de día, siguiendo las instrucciones que Shiva le había dado, corrió a las afueras del pueblo. Una vez allí quedó asombrado al encontrar realmente a un *sanyasin* que acababa de llegar. Este último estaba a punto de sentarse bajo un árbol cuando el aldeano se le acercó corriendo y le dijo. '¿Dónde está la piedra, la piedra preciosa? ¡Dámela!'. El *sanyasin* le miró y le dijo: '¿Qué dices?, ¿una piedra preciosa?'. Sin decir una palabra más abrió un atillo que reposaba a su lado y de ella extrajo una preciosa gema de gran tamaño. El *sanyasin* se la alargó al aldeano con toda tranquilidad.

'El hombre miró y remiró la piedra una y otra vez. Estaba asombrado porque la piedra era un diamante, probablemente el mayor del mundo. Sintiéndose feliz, con el corazón lleno de deseos y esperanzas, el hombre regresó a su casa. Pero esa noche, tampoco pudo dormir, dando vueltas y vueltas en la cama. A la mañana siguiente, antes del alba, el aldeano corrió de nuevo a las afueras del pueblo. Despertó al *sanyasin* y le dijo: 'Tenga la amabilidad de concederme la riqueza que le hizo darme este diamante tan fácilmente'

«Hijos, una vez que conocéis la verdadera esencia de vuestra naturaleza, el universo entero es vuestra riqueza. En este supremo estado no tenéis ya nada que ganar ni que perder. Habiendo abandonado toda atadura, estáis establecidos ya para siempre en el estado del supremo desapego. Como el *sanyasin* de la historia, podéis desprenderos con una sonrisa de los llamados objetos preciosos y continuar sintiéndoos contentos y en paz. La espiritualidad es la riqueza interior que os hace sentir completamente contentos y en paz. Puede que no tengáis nada a lo que llamar vuestro, pero aún así podéis estar plenos y contentos. Una vez alcanzáis este estado, no tenéis nada más que ganar o que perder. Cuando adquirís esta riqueza interior, comenzáis a vivir en plenitud. Puede que externamente no seáis adinerados en absoluto, pero en vuestro interior sois ricos y plenos. Os percatáis de que sois los dueños del universo, os convertís en los señores del agua, del aire, del éter, del sol, de la luna, de las estrellas y del espacio. Todo en el universo estará bajo vuestro control. Por eso, hijos míos, tratad de llegar a ser amos, no esclavos.

«Un hombre de auténtica riqueza es aquél que puede sonreír siempre, incluso en la misma cara de la tristeza. La tristeza no le hace llorar como tampoco necesita de la felicidad para alegrarse. No necesita del soporte de objetos o acontecimientos externos favorables para poder ser feliz. La felicidad es su propia naturaleza. Un hombre rico en el exterior es un pobre hombre que no sabe lo que es la riqueza en realidad. Desde este punto de vista es un perdedor, aún sin él saberlo; se pierde siempre la riqueza que no tiene precio, es decir, la paz y el contentamiento.»

Mientras la Madre hablaba, Gayatri llegó con el café y los chips de plátano. Mientras repartía el *prasad* entre sus hijos, Amma pidió a los *brahmacharis* que cantasen:

Bandhamilla

Nadie es nuestro
No existe nada a lo que podamos llamar nuestro
En nuestros días postreros solo el verdadero Ser
continuará siendo nuestro.

En nuestro último viaje nada llevaremos con nosotros
¿A qué, pues ese loco afán por las posesiones materiales?
Lo que realmente existe está en nuestro interior
Allí habremos de dirigirnos para verlo.

Allí no existe rastro de tristezas
Allí brilla el verdadero Ser en toda su gloria.
Vamos de lo irreal a la Verdad
cuando servimos a todos los seres vivientes.

ॐ

Capítulo 10

La necesidad de la gracia del Gurú

Martes, 7 de agosto de 1984

En el extremo sudoeste del *ashram*, justo detrás del depósito de agua crece la caña de azúcar. Por la tarde Amma cortó una caña y comenzó a comérsela; igual que un niño se deleita en sorber el jugo de la caña Amma lo saboreaba con gran gusto. Unos *brahmacharis* y las esposas de algunos devotos vecinos estaban sentados junto a Ella.

Cualquiera que vea a Amma aparentemente disfrutando de un alimento o de una bebida en particular pensará, lógicamente, que Ella siente por aquello especial preferencia. Deseando siempre agradarle, prepararán después ese mismo plato o harán acopio de aquél alimento para tenerlo a mano en caso de tener la oportunidad de ofrecérselo. Pero muy a menudo, aquello que pareció agradar tanto a Amma en determinada ocasión, no volverá a pedirlo nunca más.

Una vez Amma estuvo pidiendo insistentemente «mixture», una especiada combinación de pequeños alimentos fritos; *brahmachari* Nealu tenía un poco y se lo ofreció. Amma tomó el bote que la contenía y esparció la mezcla por todo el suelo de cemento, y comenzó a comerlos del suelo, gateando por todas partes como un niño pequeño. Nealu y *brahmachari* Balu que observaban gozosos la escena, pensaron que a Amma le encantaría tomar más y decidieron que sería buena idea tener una buena provisión de «mixture» a mano para poder ofrecérsela a Amma en caso de que lo pidiese. Así que compraron cierta cantidad y la conservaron a buen recaudo para Ella. Pero sufrieron una decepción porque

Amma nunca más pidió «mixture». Amma llama a estos juegos: «un apego totalmente desapegado para mantener a la mente aquí abajo.»

Unos devotos que eran sinceros *sadhaks*, llegaron desde Tamil Nadu para visitar el *ashram*. Se mantenían respetuosamente a distancia mientras observaban como Amma comía la caña de azúcar. Ella les dijo que se acercasen; sin dudarlo, ellos corrieron hacia Amma, se postraron a sus pies y tomaron asiento. Uno de ellos, que sentía un tremendo cariño por Amma, quiso sentarse lo más cerca posible de Ella. Aun cuando rondaba los sesenta, el hombre se comportaba como un niño de tres años en su presencia.

Amma dio un trozo de caña de azúcar a cada uno, incluyendo a los *brahmacharis*. Recibir *prasad* de las manos de Amma era algo tan especial que uno no tiene nunca suficiente. Tanto si se trata de caña de azúcar como de una bola de arroz, se recibe siempre como una bendición indescriptible.

«Amma, he leído que no importa cuanta *sadhana* se realice, el estado de Perfección no puede alcanzarse si no es por la gracia de un *Satgurú*. ¿Es eso cierto?», preguntó uno de los devotos de Tamil Nadu.

Ella respondió, «Perfectamente correcto. Para eliminar los *vasanas* más sutiles, es necesaria la guía y gracia del *gurú*. Además, cuando los *vasanas* han sido eliminados, la última etapa, el punto en el que el *sadhak* cae o se desliza al estado de Perfección, no puede ocurrir sin su gracia.

«Los seres humanos son limitados, no pueden hacer mucho por si solos. Puede que sean capaces de llegar hasta cierto nivel sin la guía o ayuda de nadie, pero pronto el camino se hace complejo y se necesita ayuda. El camino de la liberación es una maraña de intrincados senderos, un verdadero laberinto. Viajando a través de esa maraña, un aspirante espiritual puede ser incapaz de descifrar por dónde ir o qué camino tomar.

«Seguir un camino espiritual sin un *gurú* puede comparase también a navegar por el océano en un barquichuelo que no está pertrechado con el equipo necesario, ni siquiera con un compás para indicar la dirección.

«Recordad que el sendero que conduce al estado de Auto-Realización es muy estrecho, dos personas no pueden caminar de la mano por ese camino, rozando hombro con hombro en compañía. Ese camino se recorre en soledad.

«Mientras caminamos por la senda espiritual hay una luz que nos guía. Esa luz que nos muestra el camino, es la gracia del *gurú*. Él camina delante, derramando luz en el camino mientras nos guía lenta y cuidadosamente. Él conoce de memoria todos los intrincados senderos. La luz de su gracia nos ayuda a ver y a eliminar los obstáculos hasta alcanzar nuestro objetivo.

«Hijos, solo por compasión el *gurú* desciende para caminar con nosotros. Mientras caminamos tras él, seguimos en la luz de su gracia. Es su gracia la que nos protege y nos salva de la caída. La gracia del *gurú* nos ayuda a no perdernos en la oscuridad de angostos caminos y a no resbalar y caer en peligrosas trampas.

«Algunas veces el camino se hace muy estrecho. Si se hace demasiado angosto y te sales de él, necesitas que un *gurú* tire de ti para entrar de nuevo en el sendero. De lo contrario, abandonado a tus propios recursos puede que tengas que volver sobre tus pasos y que encuentres demasiado difícil, casi imposible, continuar en el camino correcto. En esos lugares también, el *gurú* te anima; instila de nuevo en ti más fe y confianza para que vuelvas a intentarlo una y otra vez. Sin las inspiradoras y animosas palabras del *gurú*, sin sus cariñosas y compasivas miradas y sin la fe y el coraje que te insufla, puede que ni siquiera lo intentases. Tú no puedes cruzar la última barrera contando solo con tu propio esfuerzo. Desde el otro lado, desde donde él está, el *gurú* te tiende la mano y tira de ti para que la atravieses.

«Sin el *gurú* podrías dar media vuelta y apartarte del camino. Es muy posible que volvieses a enredarte con el mundo. Sintiéndote descorazonado y desilusionado, podrías incluso proclamar al mundo que la espiritualidad no es una realidad, que es un mito, una ilusión. Esa y otras peligrosas ideas podrían enraizar en tu corazón.

«En realidad, ese avanzar y retrodecer que emplea el *gurú*, no supone ni avance ni retroceso; es decir, avanzáis y retrocedéis sin que os veáis obligados a hacerlo. Vosotros no lo sentís porque su compasión os envuelve totalmente, y así no os dais cuenta de que estáis dentro del proceso de avance o retroceso. No sentís presión, tensión o tirantez. Pero sin su gracia y guía, la presión y tensión de vuestros *vasanas* provocarían vuestra caída del camino de la espiritualidad.

«Vuestra propia mente intentará engañaros creando mundos llenos de color. Algunos son lugares amplios, bañados de luz, en los que la atmósfera está llena de fragancia divina. Pueden ser atractivos, tentadores y producir a su alrededor seductoras visiones- divina música por un lado, encantadoras danzas por otro. Puede parecer el objetivo final, puedes creer que es la meta y por lo tanto detenerte. No queriendo ir más allá no tienes ganas de moverte. Es como un 'estado de pseudo liberación', una especie de imitación. Puedes incluso llegar a pensar que ya has llegado a tu objetivo, que has alcanzado la Realización.

«Cuando crees que has alcanzado la Realización, comenzará lo peor. Lenta y furtivamente el ego hará su aparición; no lo verás llegar, no le reconocerás, y si lo reconoces no te importará porque estarás absolutamente enamorado de la idea de que estás realmente realizado. Así que mirarás de disculpar sus malas artes, o puede que pienses: 'Así es como es después de la Realización'. Por lo tanto, comienzas a disfrutar de viejos hábitos, a perdonar antiguos placeres y de esta forma caes de nuevo en el mundo.

214

«Hijos, vosotros no tenéis la menor idea de como es la vida tras la Realización porque no estáis realizados. Por lo que a vosotros respecta, ese estado os es totalmente desconocido, dais por sentado que estáis realizados pero no hay ninguna base para ello. Un *sadhak* que da eso por sentado, que siente que está realmente realizado, está equivocado. En ese estado no existen sentimientos, incluso el pensamiento de: 'Lo he alcanzado', no existe. Por eso, si sentís de esa manera considerar que se trata de otro pensamiento que os impide el paso en el camino, no habéis alcanzado todavía el estado de perfección, la Verdad está mucho más allá. Pero para convenceros de esto, para mostraros la Verdad, se necesita un *Satgurú*. La gracia del *gurú* es absolutamente necesaria.

«El *gurú* sabe lo que hay que saber. Él sabe que lo que ves y lo que oyes no son más que ilusiones. Él hace que lo comprendas para que, de esta forma, no quedes atrapado pensando que lo que percibes es la realidad. Él te anima y te inspira constantemente para que sigas avanzando más y más, más allá de la jungla de la ilusión hasta que alcances la orilla de la iluminación.

«Llega un momento, en el transcurso del recorrido espiritual, en el que el crecimiento se hace espontáneo. Puede que tú no sepas que estás creciendo en tu interior, pero el *gurú* lo sabrá. Alcanzar este estado de crecimiento espontáneo requiere mucho auto-esfuerzo, es como lanzar un cohete al espacio. Se necesita mucho esfuerzo y mucho combustible para enviar un cohete más allá de la gravedad de la Tierra. Una vez que está más allá de la fuerza gravitacional de la Tierra el movimiento de avance se hace automático y entonces puede entrar en la órbita de otro planeta.

«De forma parecida, el *sadhak* necesita emplear una gran cantidad de auto-esfuerzo para poder alcanzar el estado de crecimiento espontáneo. Una vez en este estado, la transformación interna se lleva a cabo sin esfuerzo, incluso sin su propio conocimiento. Pero el *gurú* lo sabe porque es él quien ha llevado al *sadhak* a ese reino. Es el *gurú* quién ha derramado la gracia sobre él para que pudiese dar el último salto.

«Sin la ayuda de *gurú* no es posible dar ese último empujón que permite acceder al estado de crecimiento espontáneo. Solo él sabe que ese crecimiento está teniendo lugar y que la consecución final será pronto alcanzada. Sabe que su gracia fluye ya hacia el *sadhak* y que dará fruto al poco tiempo.. Para el *sadhak*, este período puede ser un tiempo de espera porque él no está siendo consciente de la transformación que está teniendo lugar. Él no sabe que el *gurú* ha derramado su gracia sobre él. Por lo que concierne al *sadhak*, este es un momento en el que todo esfuerzo consciente se detiene; no puede hacer otra cosa más que esperar. Entonces, de pronto, tiene lugar el despertar interior. Aún sin su propio conocimiento, la gracia derramada sobre él por el *gurú*, le conduce allí. Aparece de la nada. La Gracia llega de la nada. Puede suceder en cualquier momento, en cualquier lugar.

«La gracia del *Satgurú* es lo que más necesitamos. Sin su amoroso cuidado, su mirada compasiva y su contacto afectuoso, no se puede alcanzar el objetivo final. Con cada una de sus compasivas miradas o con su contacto, él envía su gracia. Por eso, hijos, rogad por ella.»

Los devotos tamiles debían partir ya. Uno por uno se acercaron a Amma y se postraron. El devoto que sentía esa loca devoción por Amma cantó un verso tamil glorificando a la divina Madre. Se trataba de un texto compuesto por un poeta llamado:

Maanikkavaachakar

Una inmerecida gracia me concediste
habilitando el cuerpo y el alma de este esclavo
para que en gozoso deshielo se fundiese en amor.
Para esto nada tengo que pueda dar a cambio,
¡Oh libertador que llenas el pasado, el futuro y todo!
¡Oh infinito Ser primordial!...

Cuando terminó el verso se postró a sus pies. Amma expresó su amor e interés por cada uno de ellos de muy distinta forma. Cuando uno de los devotos estaba a punto de tocar los pies de Amma, Ella le cogió las dos manos y le dijo con voz fuerte y autoritaria, «Dile a tu profesor que si él opina que todos los viejos conceptos de la espiritualidad deben morir, no tiene ni que estudiar las Escrituras ya que son viejos conceptos escritos por los antiguos *rishis*, ¿no?. Recuérdale que al pedir a la gente que no sigan a un *gurú*, ellos mismos se convierten en *gurú*. Pídele también que sea humilde. Dile que está intentando oír música solo poniéndose una partitura en la oreja. Es como el que intenta bañarse o nadar en la fotografía de un río».

Al oír las palabras de Amma, el devoto tamil quedó estupefacto. Había en su cara una verdadera expresión de asombro. Amma mantenía cogiendo sus manos. De pronto el devoto se deshizo en lágrimas poniendo las manos de Amma sobre su cara. Amma se sentó con una traviesa sonrisa en la cara. El devoto permaneció en esa posición durante un rato mientras continuaba llorando. Al final Amma lo consoló diciendo, «No te preocupes, Amma solo estaba bromeando, no te lo tomes en serio».

Ahora el devoto levantó la cabeza y dijo, «No, no, Tú no estabas bromeando. ¿Por qué dices eso? Ahora después de haberte conocido y de oír estas palabras directamente de ti, ¿cómo voy a creer que estabas bromeando? No, no podías bromear. Lo que has dicho es cierto. Él es muy egoísta, pero mi firme convicción es que se tornará humilde cuando oiga tus consejos.» Amma sonrió. Había un escondido significado en su sonrisa.

Antes de que los devotos tamiles abandonasen el *ashram*, uno de los *brahmacharis* sintió curiosidad por conocer más detalles sobre el incidente, se acercó al devoto y le preguntó. Esto fue lo que él le explicó.

El devoto tamil tenía un profesor que le enseñaba las Escrituras. Ese hombre poseía muchos conocimientos adquiridos en los libros, tenía un alto concepto de si mismo y de su capacidad para enseñar espiritualidad a través de las Escrituras. Solía decir: «El estudio de las Escrituras es suficiente, la meditación, los cantos y otras prácticas espirituales no sirven de mucho. Ya es hora de que lo viejo muera y tengamos una nueva visión de la espiritualidad». También estaba en contra de que se siguiera a un *gurú*. Cuando ese hombre oyó que su estudiante se disponía a visitar a un gran santo en Kerala, su dubitativa y argumentativa mente comenzó a funcionar, llamó a su estudiante y le dijo: «He sabido que te vas a ver a una supuesta 'gran santa' de Kerala, he oído también que es omnisciente y que conoce el presente, el pasado y el futuro. Naturalmente, yo no lo creo pero, aun asi, si es cierto, dejemos que pruebe su omnisciencia. Qué me dé una señal, un mensaje o algo que pruebe que lo sabe todo. Si lo hace, yo también iré a verla».

Así que a la hora de irse, el estudiante del erudito, después de haber estado sentado en presencia de Amma, se sentía algo decepcionado. Aunque su experiencia con Amma había sido muy elevada y gratificante, Ella no le había dicho ni una palabra o indicación sobre su profesor, el cual esperaba ansiosamente una prueba. Al fin, cuando Amma lo descubrió en una momento tan inesperado, él se quedó a un tiempo estupefacto y agradecido y fue incapaz de controlar sus emociones. Las lágrimas velaban aun sus ojos cuando abandonaba el *ashram*.

Las observaciones de Amma dieron en el blanco. Tras recibir la prueba que había pedido, el erudito fue a Amma y, aún cuando él mismo tenía numerosos admiradores y seguidores, el hombre se convirtió en devoto de Amma.

El aviso del Gurú

Cuando el devoto tamil se hubo marchado, Amma llamó a uno de los *brahmacharis* y le riñó por su desobediencia. Uno de los más antiguos *brahmacharis* le había pedido que hiciese un trabajo en particular, pero él simplemente se negó a hacerlo. Cuando le preguntó porqué, el joven respondió. «No tengo tiempo, no hay otra explicación». El *brahmachari* mayor fue a decírselo a Amma y ahora el que había cometido la falta estaba recibiendo una regañina. Cuando uno es regañado por Amma recibe también un buen consejo. Amma estaba hablando con él; señalándole sus errores Ella le dijo: «Eres muy egoísta».

Ese *brahmachari*, que era algunas veces muy tozudo y discutidor; respondió; «Entonces, ¿porqué me aceptaste como *brahmachari* si sabes que soy tan egoísta?»

La compasiva respuesta de Amma fue: «¿Por qué aceptó Jesús a Judas como discípulo?, ¿acaso no sabía que Judas iba a delatarlo, que iba a conducirlo a la muerte? Si, Jesús sabía esto muy bien. A pesar de ello, Jesús aceptó a Judas como uno de sus discípulos; lo amó igual que amaba a los demás.

¿Acaso los grandes santos y sabios del pasado no dieron conscientemente oportunidades a aquellos que después les traicionaron? Los *mahatmas* son asi, no pueden ser de otra forma. A ellos no les preocupa ni les importa que alguien les traicione o les ame o si alguien es egoísta. Ellos no esperan nada de nadie, están ahí, simplemente. Aquél que lo desea, que está dispuesto a abrir su corazón, que está dispuesto a entregarse, podrá beneficiarse de su presencia. Las oporunidades están abiertas para todos; los *mahatmas* no hacen diferencias, no pueden hacerlas. Aún cuando alguien sea un traidor o sea muy egoísta, si se entrega durante unos días o durante unos minutos --el tiempo no tiene importancia-- la entrega que ha hecho de sí mismo durante ese período de tiempo, tendrá sus beneficios.

«Después de eso, si la persona se cierra en si misma, ¿qué puede hacer el *mahatma*? El *mahatma* no puede hacer nada. Él está allí, simplemente. Si tú lo quieres, él está disponible, todo el tiempo, en todo lugar. Si tú no lo quieres, él sigue estando ahí, disponible para otra persona. Pero si le rechazas, él no puede entrar en ti a la fuerza, eso es algo que no puede hacer.

Sin embargo, si te entregas, él fluirá hasta tu corazón y lo colmará. Cuando es solo una pequeña parte de tu corazón la que se llena del *gurú*, la parte mayor, la que no está llena, permanecerá aún bajo la influencia del ego diciendo: 'Yo soy algo'. La parte pequeña que está llena, permanecerá, trabajará. Esa parte de ti tendrá su poder, esa parte de ti intentará salvarte. Tú podrás sentirlo. Pero recuerda, es solo una pequeña parte la que está llena mientras que el resto, la mayor parte, permanece vacía. Esa parte mayor está llena del: 'Yo soy algo'.

«Hijos, el peligro aparece cuando descuidais completamente esa pequeña parte que esta llena,cuando ni tan solo miráis esa parte. Si puedes dirigir la mirada hacia esa parte, hacia allí donde está el *gurú*, todavía tendrás esperanza, todavía podrás ser salvado. Pero el ego, que ocupa la mayor parte, no le hace ningún caso. El *gurú* te avisará, no una, sino que cientos de veces te instruirá y te aconsejará; pero si tú le cierras completamente la puerta, y te niegas a abrirle, ¿qué podrá hacer? Entonces la presión que ejerce el 'Yo soy alguien' se hace más fuerte en ti, y tú, naturalmente, te inclinas hacia ese lado. Desde luego, eso es lo más fácil. Inclinarte hacia el lado del *gurú* requiere un poco más de esfuerzo, un poco más de valor.

«El gobierno y las universidades ofrecen iguales oportunidades para todos los estudiantes, pero ellos utilizan estas oportunidades de distintas formas. La misma analogía puede aplicarse a la gente que desea la espiritualidad. Muchos están interesados en la espiritualidad, pero solo unos pocos 'se gradúan' por así decirlo. El estar simplemente interesados no es suficiente, lo que se necesita es intensidad. No es culpa del *gurú*, un *Satgurú* no puede equivocarse, solo puede tener razón; nosotros somos los equivocados. Somos como un instrumento que está desafinado; el *gurú* quiere arreglar las notas que están desafinadas, pero si protestáis, si os empeñáis en que vosotros tenéis razón, si pensáis que el problema no está en vosotros, que ese 'desafinado' es correcto porque vosotros no lo percibís como desafinado, entonces, ¿qué puede hacer el *gurú*? Para conseguir que las notas suenen de forma más agradable al oído hace falta pulir y depurar un poco. Tenéis que ser capaces de aguantar el dolor que ello produce, entendiendo que su propósito es hacer vuestra vida armoniosa, como en un concierto.

«Amma está loca, pero su locura es por la Verdad y el *dharma*. Si alguien se mueve contra la Verdad, si no está en absoluto preparado para corregir su forma de hacer, si está determinado a hacer las cosas a su manera, entonces se está alejando de Amma. Se está alejando de la Verdad y del *dharma*. Recordad, Amma no se aleja de vosotros; Ella no puede hacerlo. Pero esa persona, a través de sus acciones y pensamientos está creando un abismo entre Amma y él. Y tan pronto sucede, la brecha se hace cada vez más y más amplia.

«Amma no puede aceptar ni rechazar a nadie. Aceptación y rechazo son posibles solo cuando existe un ego; el ego puede aceptar y rechazar. Cuando uno no tiene ego va más allá de ambas cosas. Por tanto, vosotros sois los que aceptáis y rechazáis, Amma no puede hacerlo. Sin embargo, hay una cosa que debéis tener presente, vuestro objetivo es alcanzar el estado de Perfección, la cuestión es si realmente queréis hacerlo. No vale el decir unas veces 'sí' y otras veces 'no'. Si esa es vuestra actitud, entonces no es este vuestro lugar. Algo como la vacilación no existe en espiritualidad, o es 'si', o es 'no', es así. Si unas veces te sientes espiritual y otras no, eso no es espiritualidad. Amma quiere decir que tu mente debe estar fija en Aquello, es decir en el objetivo. No debe haber distracciones, es peligroso si simplemente te dejas llevar por distracciones circunstanciales. Si el propósito principal de tu vida es realizar a Dios, el conocimiento del objetivo y el intento de alcanzarlo- también conocido como *lakshya bodha*, debe estar siempre presente.

«Supón que eres un ejecutivo, cuando te sientas en el sillón de tu oficina, toda tu capacidad de pensamiento debe centrarse en cómo llevar la empresa: cómo obtener mayores beneficios, cómo resolver los problemas de los empleados y cómo crear un buen mercado para tus productos. Ese es tu *dharma* mientras estás en la oficina. Se supone que entonces no debes ponerte a pensar en tu familia y en sus problemas, ese es tu *dharma* cuando estás en casa; si piensas en tu hogar mientras estás en la oficina, todo el propósito de tu trabajo como ejecutivo no se lleva a cabo correctamente. Y viceversa, si en casa actúas como un ejecutivo en lugar de ser un esposo o un padre, no estarás cumpliendo con tus deberes. De igual forma, cuando estás en el *ashram* como *brahmachari* o como alguien que aspira a serlo, se supone que vas a actuar y a pensar de una cierta forma. Si no puedes tener una actitud adecuada no encajarás aquí, empezarás a sentir la separación, el abismo, y esa brecha se convertirá, finalmente, en un montón de problemas en tu vida espiritual.

«Amma creará constantemente circunstancias que ayudarán a tu crecimiento espiritual. Ella puede perdonarte y olvidar cien veces, pero si una y otra vez tú luchas y apartas tus manos de las suyas, no la culpes a Ella.

Olvidar el pasado

Viernes, 10 de agosto de 1984

Hacia las once y media de la mañana, Amma estaba sentada en un asiento que había sido colocado al exterior, en la parte sur del *ashram*. Se encontraba rodeada por devotos hindúes y occidentales. Uno de los últimos había planteado la siguiente pregunta: «Mucha gente duda de poder meditar y realizar a Dios porque sienten que han cometido demasiados pecados y que ello les impedirá dicha realización. Creen que nunca recibirán la gracia de Dios.»

La respuesta de Amma fue inmediata, «Esas dudas y preocupaciones no tienen ninguna base. Una vez que la determinación y el desapego aparecen, el pasado no tiene ya ningún efecto. El pasado pierde su poder de atenazar a una persona cuando esta lo ha abandonado todo a los Pies del Señor. Esa persona se desliza a un estado de olvido de todo su pasado, y comienza a vivir en el hermoso presente en el que solo ve al Señor y a su encantadora forma. Los sueños llenos de temor respecto al pasado mueren completamente en un alma entregada y podrá sentir la gracia de Dios guiándola a través de todo.

«Amma os va a contar una historia para ilustrar cómo la gracia de Dios está al alcance de todos, incluso de personas que han cometido graves errores.

«Una noche un conocido ladrón merodeaba en busca de una buena casa para robar. Cuando caminaba furtivamente sin que nadie reparase en él, vio a un grupo de personas que agrupadas a un lado de la calle rodeaban a un hombre que era, obviamente, un narrador de historias. Ese hombre estaba contando las aventuras de la infancia del Señor Krishna tal como las narra el Srimad Bhagavatam. La descripción del Niño Krishna atrajo la atención del ladrón. El narrador explicaba la belleza del Niño: 'Entonces Yasoda, la madre adoptiva de Krishna, después de bañar al dulce Niño de Brindavan, al más radiante, lo adornó con resplandecientes joyas; collares cuajados de brillantes, esmeraldas y rubíes adornaban su cuello y una áurea corona incrustada de piedras preciosas adornaba la radiante cabeza del Señor. Delicadas tobilleras campanilleaban en sus pies, acompañadas por el melodioso tintineo de la cadena de oro que rodeaba su cintura. Mientras Yasoda intentaba vestir a Krishna con sus lujosos vestidos, él, juguetón escapó corriendo y se escondió tras un árbol. Yasoda corrió tras el muchacho llamándolo una y otra vez con desbordante amor y devoción, «Kanna, Kanna.»

Cuando pronunció la última frase, Amma se identificó tanto con la narración que empezó a gesticular con las manos; era como si el mismo Krishna estuviera ante Ella. La expresión de su rostro mostraba el amor y la ternura que Yasoda sentía por el niño Krishna. Al llegar a ese punto, Amma se quedó intoxicada de puro amor y permaneció sentada inmóvil; las lágrimas rodaban por sus mejillas mientras profería una risa de vez en cuando. Este estado continuó durante un rato, después, Amma retomó la historia.

«Al escuchar la narración, una idea apareció de pronto en la mente del ladrón. 'Ese niño debe de ser el hijo de un hombre muy rico. De algún modo tengo que encontrar donde vive ese niño, si pudiese encontrarlo sería el fin de todos mis problemas. Las piedras preciosas y las joyas de oro de ese niño son suficientes para que mi familia y yo podamos vivir durante el resto de nuestros días'. Así que permaneció escuchando la historia hasta que el narrador terminó y recogió sus bártulos para irse. El ladrón le siguió cautelosamente a cierta distancia hasta que llegaron a un lugar solitario y allí saltó sobre él. Cogiéndolo por el cuello el ladrón le espetó: 'Dime ahora mismo dónde vive ese niño. ¿Dónde se encuentra ese lugar llamado Brindavan?. ¡No intentes ningún truco, dime la verdad! ¡Dame todos los detalles sobre cómo llegar a su casa o prepárate a morir !'

«El narrador de historias estaba tan asustado que no podía decir ni palabra, pero tras unas cuantas sacudidas y amenazas dijo: 'Era solo una historia, el Niño no es real, es solo un cuento inventado, no es de verdad'. Pero el ladrón no estaba dispuesto a claudicar tan fácilmente, 'Di la verdad' dijo, 'se que estás mintiendo. ¿Cómo ibas a describir tan bien a alguien que no existiese?, canta o eres hombre muerto'.

El narrador de historias intentó convencer por todos los medios al ladrón de que la descripción era solo parte de la historia, explicándole que el detallado retrato era solo para entretener la vívida imaginación de los oyentes, que no era algo real. Pero el ladrón no tenía ninguna duda sobre la existencia del niño Krishna y estaba decidido a encontrarlo. Al final, el narrador pensó en un lugar alejado de todo ser humano y donde solo había un intrincado bosque. Esperando librarse así del ladrón, le dijo que Krishna habitaba en ese remoto lugar, pensando que una vez allí el bandido sería presa de los animales salvajes. Tras tomar buena nota de los detalles sobre cómo llegar al lugar, el ladrón soltó al narrador no sin advertirle de que si no encontraba al niño regresaría para poner fin a su vida.

En su camino al lugar indicado por el narrador, el ladrón caminó rápidamente y con determinación durante tres días, sin detenerse a comer ni a dormir. Durante todo el camino estuvo pensando en Krishna y en la enorme fortuna que iba a conseguir. Aunque con una intención distinta, la de delinquir, su mente estaba totalmente concentrada en la hermosa forma del Señor. Le llevó un par de días llegar a su destino y cuando lo hizo estaba totalmente exhausto, sus pies sangraban heridos por las espinas y las afiladas piedras del camino

Pero el ladrón seguía estando lleno de esperanza, porque el narrador le había dicho que el mismo Krishna en persona se presentaba cuando alguien le llamaba. También le había dicho que Krishna y sus compañeros de juegos tenían la costumbre de ir a aquel bosque con sus vacas y allí corrían y jugaban mientras el rebaño pastaba. Al no ver allí a nadie, el ladrón llamó y llamó; podía oírse su voz resonando por todo el bosque, '¡Krishna, Krishna! ¿dónde estás?'. Buscando al Señor vagó buscando entre la maleza y detrás de enormes árboles, incluso trepó hasta la cima de sus copas para poder ver mejor si Krishna estaba en algún otro lugar del bosque. Mientras continuaba rondando por el bosque gritando '¡Krishna!', su búsqueda alcanzó un tono de intensidad y desesperación. Finalmente, debido a la falta de alimentos y de sueño, cayó inconsciente. Pero incluso en su estado de inconsciencia continuaba murmurando el nombre de Krishna.

«Cuando se recobró, el ladrón se dio cuenta de que se encontraba en el regazo de alguien. Alguien le sostenía y acariciaba la cabeza y una voz le decía: 'Estás agotado; mira, te he traído un poco de comida'. Él miró hacia arriba y quedó atónito al ver que frente a él se encontraba el mismo niño al que tanto había estado buscando. ¡Era Krishna!, y él estaba descansando en su regazo... Se frotó los ojos y parpadeó unas cuantas veces, no podía creer lo que veía. Sí, era Krishna..., allí estaba la pluma de pavo real... el cabello rizado, la corona de oro, la amarilla túnica adornada con preciosas joyas... Quedó cautivado por la radiante sonrisa y el tono azul oscuro de su cara. Sus ojos estaban fijos en él, no podía apartarlos del glorioso rostro de Krishna. Krishna lo alimentaba y él abría la boca automáticamente e iba tragando la comida. Olvidando todo lo que le rodeaba, languideció de felicidad.

«Krishna le ayudó a sentarse solo, después, se despojó de todos sus ornamentos y haciendo con ellos un bulto se los entregó al ladrón diciendo: 'Toma, esto es tuyo. Por eso has venido, ¿no es cierto?. Ahora ya puedes regresar, puedes volver feliz'. Bebiendo aún en la eterna belleza del Señor, el ladrón estaba ahora totalmente transformado. Atragantándose respondió. 'No.., no...No quiero eso. Yo te quiero a ti'. Krishna continuó insistiendo, 'No tienes que volver con las manos vacías, después de tan larga búsqueda no vas a quedar decepcionado.¡Tómalo!'. A lo que el ladrón respondió: 'Mi querido Krishna, yo no quiero nada de esto. Quiero abrazarte. Quiero permanecer en tu regazo. Quiero contemplar tu rostro. Quiero estar contigo para siempre, Por favor, Señor, por favor...'»

Al llegar a este punto del relato, Amma se levantó del asiento en el que estaba, toda Ella se había transformado en un incomprensible bhava de divinidad. Había un extraordinario halo y resplandor en su rostro, los dedos de su mano derecha estaban en *chinmudra*[7] y una traviesa sonrisa iluminaba su rostro. Alguien dijo que Amma tenía exactamente el mismo aspecto que presentaba en el *Krishna Bhava*; había un inexpresable e indescriptible sentimiento acerca de su estado presente. Su cuerpo se balanceaba suavemente de un lado a otro, y una constante y muy fuerte vibración podía detectarse en todo su cuerpo. Los devotos se sintieron inundados de beatitud y suprema devoción.

Viendo el divino estado de éxtasis de Amma, los *brahmacharis* entonaron una canción:

Govardhana Giri

Oh Tú que levantaste la montaña Govardhana
Que juegas en el corazón de las gopis
Que proteges a Gokula y te complaces en tocar
Que arrancas a la flauta tan dulce canción.

Tú danzaste sobre la cabeza de la serpiente Kaliya
Con el fin de disipar el miedo provocado por su orgullo.

---

[7] Divino mudra que la Madre mantiene durante el Krishna Bhava.

Oh Tú que destruyes los deseos y ofreces lo deseado
Te lo ruego, no retrases tu llegada ni un instante
Oh Tú cuyos rasgados ojos asemejan los pétalos del loto.

Tú eres quién concede los frutos
De nuestras acumuladas acciones.
Intentando controlar los cinco sentidos
Mi mente se agita como pluma de pavo real.
Oh Krishna dime, ¿cuándo podré fundirme en tus pies?

Lentamente, Amma fue regresando al plano físico aunque permanecía aún en la beatitud del bhava. Con paso inseguro se acercó al asiento. Ebria de bienaventuranza tenía el aspecto de alguien que se encuentra completamente fuera de su cuerpo. Una de las mujeres devotas le ayudó a sentarse. Al cabo de un rato había recuperado completamente la conciencia. Uno de los *brahmachari* se lo recordó y Amma retomó la historia...

«Bien, ¿dónde estábamos? ¡Ah si!. Krishna dejó el paquete frente a él y desapareció. Loco de amor, el ladrón corrió de aquí para allá gritando: '¡Oh Krishna, ¿dónde estás?!, ¡no me abandones!. Llévame contigo. Mi Señor, vuelve, vuelve.' »

Era fácil darse cuenta de que Amma se esforzaba por mantenerse en el plano físico. Deteniéndose a cada paso, Amma continuó la historia.

«Pero, Krishna no se mostró más al ladrón en su forma física. Incapaz de soportar el insoportable dolor de la separación, el ladrón vagó y vagó por el bosque llamando a Krishna. Pasaron los días y él, muy abatido, desandó el camino de regreso a casa acariciando el bulto que contenía las joyas y pertenencias de su Señor.

«Abrazando todavía fuertemente el atillo, llegó a la casa del narrador de historias y llamó a la puerta. Al mirar por la ventana el hombre reconoció al ladrón y se asustó mucho. Lleno de miedo, estaba convencido de que el ladrón había regresado para acabar con él al no haber podido encontrar a Krishna, el muchacho azul de Brindaban. Los golpes en la puerta continuaban y el temblor del hombre era cada vez más fuerte. Si hubiese escuchado atentamente hubiese podido oír al ladrón decir con débil voz: 'He visto a mi Señor, mi Krishna. He visto a mi Señor...' Conociendo la fiera reputación del bandido, tuvo miedo de que de no abrirle la puerta la rompiese y le matase igualmente. Así que abrió y se quedó allí temblando con los ojos cerrados, esperando sentir el afilado filo de una navaja rebanándole el cuello.

«Nada sucedió. Abrió los ojos y vio al famoso bandido tendido a sus pies en actitud de postración completa. Perplejo, el narrador de historias exclamó: '¿Qué es esto? ¿Qué es lo que está pasando?' El ladrón se levantó y depositó el atillo a los pies del narrador. A través de las lágrimas el ladrón dijo: 'He visto al Señor, mi Krishna. Él me dio sus ropas y sus joyas, pero yo no quiero ninguna, te pertenecen a ti que me inspiraste a desear ver a mi Señor. Tú eres mi *gurú*. Acepta esto y bendíceme.'

«Al oír esta historia que le sonaba disparatada, el narrador se quedó de piedra. Sospechó que el ladrón, gran mentiroso, podía haber asesinado a un niño inocente y haber cogido todas sus joyas. Cuando le insinuó algo al respecto, el ladrón le aseguró que había visto al Señor, que el Señor había colocado su cabeza en su regazo y le había alimentado con sus propias manos; a continuación describió cómo Krishna había interpretado maravillosas melodías en su divina flauta. Mientras el narrador escuchaba al ladrón, se dio cuenta de su estado de éxtasis, de las lágrimas de beatitud y de la excitación de su voz y ello hizo que el hombre sintiese algo especial. Se despertó su curiosidad, abrió el bulto y quedó completamente atónito. Parpadeando y frotándose los ojos una y otra vez, no podía creer lo que veía. No tardó en darse cuenta de que se trataba realmente de las ropas de Krishna y de que el ladrón había tenido realmente la visión del Señor. Con los ojos llenos de lágrimas y el corazón de intenso anhelo, el narrador gritó: '¡Krishna, Krishna...! ¿Soy yo más pecador que este ladrón?', salió corriendo de la casa y desapareció.

«Sin acordarse de comer ni de dormir durante varios días, el narrador llegó al mismo lugar al que había enviado al ladrón. Perdió y recobró muchas veces la conciencia y cada vez que la recobraba corría de un lado a otro y gritaba: ¡Krishna, acaso yo no soy digno de contemplar tu divina forma? He estado cantando tus glorias durante los últimos treinta años. ¿Qué gran mérito realizó el ladrón para poder contemplar tu Divina Forma, más que matar gente y robarles sus pertenencias?' Tales eran las oraciones y las súplicas del narrador de historias; pero el Señor no se le reveló. Intensamente decepcionado, el narrador decidió suicidarse; sin obtener la visión del Señor, no le encontraba ningún sentido a la vida. Ahora, considerando cuan afortunado era el ladrón al contemplar la encantadora forma del Señor, se desvaneció en él todo sentimiento contra el bandido. Pero su sincero deseo de ver al Señor continuaba insatisfecho. Transido por un profundo dolor, se despojó de la parte superior de su ropa y ató una punta alrededor de la rama de un árbol, después subió al árbol y ató la otra punta alrededor de su propio cuello. Estaba a punto de saltar para ahorcarse cuando de pronto oyó una voz que provenía del cielo.

«La voz decía, 'También tú me eres muy querido; consuélate. Estoy contento contigo, pero ahora no me voy a revelar a ti en mi forma física. Escúchame, quieres saber qué mérito realizó el ladrón que le permitiese conocer mi presencia física? No fue más que su fe incondicional en que soy una realidad y no solo una fantasía. En cuanto te oyó describir mi forma creyó que Yo estaba vivo en un cuerpo. No tenía ninguna duda sobre mi existencia y estaba decidido a verme. Su determinación por verme era tan fuerte que tenía todas las cualidades del verdadero *tapas* y en cuanto me vio enloqueció de amor. En cambio para ti, Yo era solo una historia inventada y no una realidad, a causa del miedo estuviste dispuesto a negar mi existencia. Allí donde hay miedo Yo no estoy. Donde hay fe no hay miedo. Tú no tenías fe, en cambio el ladrón tenía una fe incondicional en mi existencia y en mi como realidad. Para ti era casi mecánico explicar mis historias y cantar mis glorias, nunca sentiste anhelo y desesperación por verme. A las doce en punto querías comer tu almuerzo, justo a las ocho querías la cena y en cuanto eran las diez, a dormir; muy organizado. El ladrón no era así, se olvidó de todo lo demás y me recordaba constantemente hasta que me vio. Por ahora conténtate con oír mi voz; te concederé la bendición de aparecer ante ti en esta vida, pero hasta entonces, difunde mi mensaje con amor y devoción. Eso ayudará a que muchos otros ladrones, pecadores y no creyentes cambien su forma de ser y se conviertan en benefactores del mundo.'

«Por eso, hijos, no penséis en lo oscuro de vuestro pasado, intentad ser desapegados y tener determinación. No importa si eres un ladrón o un gran pecador, al Señor no le importa vuestro pasado siempre que tengáis determinación y desapego en el presente.»

El maravilloso toque curativo de Amma

Miércoles, 15 de agosto de 1984

Eran aproximadamente las cinco de la tarde cuando una familia formada por un padre, una madre y su hijo, llegaron para ver a Amma. Su hijo G., un joven de unos dieciocho años, se acercó corriendo con alegría hasta *brahmachari* Balu, que estaba cerca de los canales de agua remansada. Al poco, el padre y la madre se le unieron y toda la familia charlaba animadamente con Balu. Al verlos tan contentos Balu pensó, «Que tremenda transformación ha habido en sus vida durante el último año y medio. La primera vez que vinieron aquí los tres estaban tan agotados y sin vida que parecían cadáveres. En cambio ahora están felices y sonrientes.

Antes, esa familia tenía otro hijo además de G. Los padres estaban encantados con su feliz familia de cuatro. Los dos hermanos se querían mucho y estaban muy cerca el uno del otro. G., el mayor, siempre cuidaba y protegía a su hermano menor J., aún cuando este era a veces algo travieso. El amor que se profesaban era extraordinario y nunca se peleaban. G. tenía quince años, J. trece y siempre iban juntos. Los padres estaban satisfechos y orgullosos de lo mucho que se preocupaban el uno por el otro. Si J. tenía un problema, G. intentaba sinceramente ayudarle a solucionarlo. Si J. enfermaba, G. permanecía a su lado, atendiendo a sus necesidades y dándole la medicina a su hora. Si J. no comía, G. tampoco lo hacía; y viceversa. Existía un fuerte y poco usual lazo de unión entre los dos hermanos. Pero el cruel destino no permitió que durase mucho tiempo.

Un día, antes de que la familia conociese a Amma, el menor cayó mortalmente enfermo mientras jugaba con su hermano. Posteriormente se supo que la causa de la muerte fue una embolia cerebral. La muerte ocurrió ante los mismos ojos de G. Llevaron al muchacho inmediatamente al hospital pero todo fue en vano. Toda la familia estaba sumergida en dolor. La muerte de su querido hermano supuso un golpe tan tremendo para G. que cayó inconsciente y estuvo varios días en coma. Mientras permanecía en la unidad de cuidados intensivos del hospital los padres estaban muy preocupados. Temían perder también a G. Por fin, un día abrió los ojos y los padres se regocijaron, pero su felicidad duró poco ya que G. nunca volvió a su estado normal.

Aunque estaba vivo, era como un vegetal, dormía, pero apenas comía y nunca hablaba ni sonreía, el joven se quedó delgado como un esqueleto. Así pasaron dos años tras la muerte de su hermano. Durante estos dos años los padres lo intentaron todo, consultaron a los mejores especialistas, probaron todo tipo de terapias y le administraron distintas medicaciones, hicieron todo por conseguir devolver al chico a la normalidad, pero todos sus intentos fracasaron, G. ni tan siquiera parpadeaba. Los desesperados padres perdieron toda esperanza y vivían llenos de desesperación y frustración.

Mientras los padres llevaban esta vida de dolor y desespero, la madre tuvo una noche un sueño en el que vio a una dama vestida de blanco que acariciaba amorosamente la frente de su hijo. Había un divino halo a su alrededor y su compasiva sonrisa tenía el poder de eliminar todo el dolor y las heridas provocadas por el pasado. Mientras frotaba la frente del muchacho, la dama de blanco le llamaba con desbordante amor y compasión, «Hijo.., hijo mío..., hijo querido de la Madre..., mi muchacho...Mira, aquí está tu Madre llamándote.» Estas palabras tenían un maravilloso efecto en el joven quien levantando la mirada hacia el radiante rostro de la dama sonrió por primera vez en dos años. Su rostro había cambiado completamente y había vuelto a la normalidad. La felicidad de los padres no tenía límite y la madre reía y lloraba de alegría. Aún se encontraba en este estado cuando el padre la despertó. Al darse cuenta de que todo había sido un sueño la madre se puso a sollozar sin control. Explicó el sueño a su esposo, ninguno de ellos pensó mucho más en él, pero la madre comenzó a tenerlo una y otra vez durante las siguientes noches y entonces tanto ella como él comenzaron a pensar en el sueño seriamente.

Debido a que Amma no era muy conocida en aquella época, ellos no tenían forma de saber quién era la dama vestida de blanco. Un día, regresaban a su casa después de visitar a unos parientes, estaban en la estación esperando al siguiente tren que les llevase a su pueblo. La madre estaba sentada junto a otra mujer y al cabo de un rato esa mujer, que era una completa desconocida, se volvió hacia ella y le dijo, «Algo dentro de mí me dice que tengo que hablarle de la Madre». La mujer era una devota de Amma y comenzó a hablarle sobre Ella. Como si estuviese poseída, la mujer le explicó todo lo referente a las distintas experiencias que ella había tenido con Amma. A medida que la mujer le hablaba, la cara de la madre de G. se iba iluminando de alegría

Entonces ella le explicó a la mujer todo lo que les había sucedido durante los dos últimos años y también le contó su repetido sueño de la dama de blanco y le dijo que tanto ella como su esposo habían intentado averiguar si esa dama existía en realidad, y de ser asi, quién era y donde podían encontrarla. La pareja estaba feliz al saber, por fin, quién era Amma y decidieron ir al *ashram* de la Madre al día siguiente. Cuando subieron al tren que les conduciría a su casa se preguntaban qué inspiró a aquella mujer desconocida a hablarles de Amma sin ningún motivo aparente. Si su hijo hubiese estado con ellos, la mujer al verlo hubiese podido sentir que debían llevarlo junto a Amma para que lo curase. Pero el muchacho no iba con ellos ese día, lo habían dejado al cuidado de su tía. Por eso, llegaron a la conclusión de que los caminos de Dios son incomprensibles para el intelecto humano.

Los tres, el matrimonio y su hijo llegaron al *ashram* alrededor de las diez. Amma estaba en la cabaña dando *darshan*. En cuanto llegaron y se detuvieron frente al templo, *brahmachari* Balu se les acercó y les dijo, «Amma os está llamando. Entrad por favor.» Ellos se sorprendieron nuevamente. ¿Quién le había dicho que ellos estaban allí?. La familia fue conducida hasta Amma.

Sonriendo Amma les dijo, «La Madre os estaba esperando; sabía que ibais a venir hoy». Entonces Amma cogió al muchacho por la mano, lo acercó a Ella y con una resplandeciente sonrisa en su rostro comenzó a acariciar y frotar la frente del joven diciéndole, «Hijo..., hijo mío... Mira, aquí está tu Madre llamándote...».Al oír esas palabras el muchacho levantó lentamente la cabeza, miró hacia el resplandeciente rostro de Amma y, por primera vez en dos años, sonrió. La expresión de su cara estaba completamente cambiada; tenía el aspecto de estar volviendo a la normalidad.

La madre del chico, que observaba con gran atención toda la escena, lloraba de forma incontrolada y reía de alegría. El padre vertía lágrimas de gozo en silencio. Lo que acababan de presenciar era la misma escena que la madre había visto en su sueño noche tras noche. No hay palabras para explicar cuán grande era su alegría. Más tarde, antes de abandonar el *ashram*, la mujer y su esposo dijeron, «Ahora lo sabemos. No tenemos ninguna duda de que todo a sido un divino drama dirigido por Amma».

Día a día la salud y el estado mental del muchacho fue mejorando. A los dos meses se había curado de su enfermedad y recuperado su estado normal de salud.

Mientras la familia continuaba hablando con Balu, Amma bajó las escaleras; al verla, la familia corrió hacia Ella gritando, «¡Amma, Amma!». La Madre exclamó, «Hijos, ¿cuándo habéis llegado?». Tomó asiento en el último escalón y ellos La rodearon tras postrarse ante Ella. La compasión de Amma se desbordó hacia ellos a través de sus amorosos abrazos y caricias. Sus consoladoras palabras y su interés por ellos fueron directamente a sus corazones y su sencilla y relajada actitud les hizo estar tan cómodos que todos reían y se regocijaban juntos. Al final G. comenzó a cantar una canción y sus padres se le unieron. Con el corazón lleno de devoción, todos juntos cantaron:

Arikil undenkilum

Oh Madre, aún cuando Tú eres el néctar
Yo vago en soledad incapaz de conocerte,
Aunque tengo ojos
Sigo buscando, incapaz de verte.

¿Eres acaso la hermosa luna
Que florece en el cielo azul del invierno?
Soy como una ola que, incapaz de alcanzar el cielo
Va a estrellarse contra la orilla.

Tras comprender la Verdad
De que nada valen los placeres mundanos
Yo anhelo conocerte
y derramo lágrimas noche y día.

¡Oh! ¿No vendrás a consolar a quién
Está agotado por el peso del dolor?
Anhelando tu llegada
Yo te aguardo sin cesar.

Al finalizar la canción los tres estallaron en llanto. Mientras la Madre les secaba las lágrimas con sus propias manos, su rostro irradiaba una amorosa y compasiva sonrisa. A sus pies estaban sentados el padre, la madre y su hijo, cada uno acariciado por las suavemente firmes manos de Amma. Esta emocionante escena familiar parecía estar fuera del tiempo. Ahí estaba sentada la Madre eterna, majestuosa, acogiendo a todos sus hijos. Mientras el día se acercaba a su fin, la pequeña familia gozaba felizmente en el amanecer de Amma, el sol espiritual de sus vidas.

ॐ

Glosario

Adharma: Carencia de virtud, pecado, opuesto a la armonía divina.

Agamas: Escrituras.

Ammachi: La Madre. Chi es un sufijo que sirve para indicar respeto.

Anooraniyaan mahatomahiyan: Palabras sánscritas para expresar lo que es más sutil que lo más sutil, lo que es más grande que lo más grande. Se utiliza para describir a Brahman, la Realidad Suprema.

Arati: Ofrenda que se realiza al final de puja, en la que se quema alcanfor, que no deja residuo alguno, al tiempo que se hace sonar una campana, con lo que se quiere significar la total aniquilación del ego.

Archana: Una forma de adoración, mediante la repetición de los cien, trescientos o mil nombres de la deidad.

Arjuna: El tercero entre los Pandavas y un gran arquero.

Ashraman: ermita o residencia de un sabio.

Atma(n): El Ser.

Atma bodha: Consciencia o conocimiento del Ser.

Avadhut(a): Un Alma Realizada que ha trascendido todas las convenciones sociales.

Bhagavad gita: Las enseñanzas del Señor Krishna a Arjuna al principio de la Guerra Mahabharata. Es una guía práctica para la vida diaria y es la esencia de la sabiduría védica. Bhagavad significa "aquello que procede de Dios" y Gita significa "Canción", y en particular, un aviso o consejo.

Bhagavata(m): Libro que trata sobre las Encarnaciones del Señor Vishnu, especialmente de Krishna y de las travesuras que hizo durante su infancia. El libro defiende la supremacía de la devoción.

Bhagavati: La Diosa de las seis virtudes: prosperidad, valor, bienaventuranza, conocimiento, desapasionamiento y devoción.

Bhajan: Canto devocional.

Bhakti: Devoción.

Bhava: Estado, modo o forma.

Bhava darshan: El momento en el que Amma recibe a los devotos en un elevado estado de Madre Universal.

Bhrantan: Adoptar la naturaleza propia de una persona trastornada, aludiendo la naturaleza o apariencia de alguna Alma Realizada.

Brahman(m): El Absoluto. La Totalidad.

Brahmachari: Un novicio o un estudiante que acepta el celibato y se somete a las enseñanzas de un maestro espiritual.

Brahmacharya: Celibato.

Dakshina: Ofrendas de dinero o de cualquier otra clase.

Darshan: Audiencia que otorga una persona sagrada o deidad.

Deva(ta): Ser celestial o semi-deidad.

Devi: La Diosa.

Devi bhava: Estado divino o identidad con la Divinidad.

Devi mahatmyam: Himno sagrado de alabanza a la Divinidad.

Dharma: Comportamiento virtuoso de acuerdo con la Armonía divina.

Dhritharasthra: Rey ciego y padre de los Kauravas.

Duryodhana: El hijo mayor de Dhritharasthra, personaje malvado de la Guerra Mahabharata.

Gita: Canción. Ver Bhagavad Gita.

Gopa(s): Los cuidadores de vacas, compañeros del Señor Krishna.

Gopi(s): Las cuidadoras de vacas, conocidas por su suprema devoción hacia el Señor Krishna.

Gurú: Maestro espiritual, guía.

Guru paduka stotram: Himno de cinco versos dedicados a las sandalias del Gurú.

Jagat: El mundo eternamente cambiante.

Japa: Repetición de una fórmula mística o mantra.

Jñana: Sabiduría espiritual o divina.

Kamsa: El demoníaco tío del Señor Krishna que Él mató.

Kanji: Papilla de arroz.

Kanna: Nombre de Krishna.

Karma: Acción.

Kaurava(s): Los cien hijos de Dhritarashtra, enemigos de los Pandavas, que lucharon en el Guerra de Mahabharata.

Kindi: Vasos metálicos acanalados usados generalmente en las ceremonias de culto.

Kirtan(am): Himnos.

Krishna: La Encarnación más celebre del Señor Vishnu.

Lakshmana: Hermano del Señor Rama.

Lakshmi: Consorte del Señor Vishnu y Diosa de la salud.

Lakshya bodha: Permanecer constantemente conscientes e intentar conseguir la meta.

Lalita sahasranama: Los mil nombres de la Madre Universal en la forma de Lalitambika.

Lila: El juego divino.

Mahabharata(m): La gran epopeya escrita por Vyasa.

Mahatma: Una gran Alma.

Mantra: Una fórmula sagrada, cuya repetición posibilita despertar las energías espirituales y obtener los resultados deseados.

Maya: Ilusión.

Mol(e): Hija. Mole es una forma vocativa.

Mon (e): Hijo. Mone es una forma vocativa.

Mudra: Un signo realizado con las manos para indicar las verdades místicas espirituales.

Mukta: El Uno que ha conseguido la Liberación.

Mukti: La Liberación.

Namah shivaya: El Mantra Panchakshara. Consiste en cinco letras que significan: "Saludo al Auspicioso Uno (Shiva)."

Om: Sílaba mística que representa a la Realidad Suprema.

Pandava(S): Los cinco hijos del rey Pandu, héroes de la epopeya Mahabharata.

Prarabdha: Responsabilidades y cargas. También corresponde a los frutos de las acciones pasadas, manifestadas en esta vida.

Prasad(am): Ofrendas consagradas distribuidas después de la puja.

Prema: Amor supremo, amor divino.

Puja: Adoración ritual o culto divino.

Rama: El héroe de la epopeya Ramayana. Una encarnación de Vishnu y el ideal de la acción virtuosa.

Ravana: El personaje malvado de la epopeya Ramayana.

Rishi: Un gran sabio o vidente.

Sad-asad-rupa dharini: Aquel que otorga la forma de la existencia y de la no-existencia, un nombre de la Divina Madre.

Sadhak(an): Aquel que se esfuerza por conseguir la meta espiritual, el que practica sadhana (disciplina espiritual).

Sadhana: Prácticas espirituales.

Sahasranama: Himnos que se basan en los mil Nombres de Dios.

Samadhi: Estado de absorción en el Ser.

Samsara: El mundo de la pluralidad, el ciclo de nacimientos y muertes.

Sankalpa: Creativa e integral resolución o decisión, manifestada como pensamiento, sentimiento o acción. El sankalpa de una persona corriente no siempre produce los frutos correspondientes. Sin embargo, el sankalpa de un sabio siempre da los frutos deseados.

Sannyasi(n): Asceta que ha renunciado a todos los lazos con el mundo.

Satgurú: Maestro espiritual realizado.

Satsang: Compañía de sabios y virtuosos. También una charla espiritual dada por un sabio o estudioso.

Shakti: El aspecto dinámico de Brahman como la Madre Universal.

Shiva: El aspecto estático de Brahman como el principio masculino.

Sishya: Discípulo.

Sita: Esposa de Rama.

Sloka: Verso sánscrito.

Sraddha: Fe. Amma emplea esta palabra con un enfasis especial en alerta, para indicar la necesidad de realizar nuestro trabajo con amorosa atención, dedicación y esmero.

Sri rama: Ver Rama. Sri se emplea para indicar respeto.

Srimad bhagavatam: Ver Bhagavatam. Srimad significa 'auspicioso'.

Stenah: Ladrón.

Sutra: Aforismo.

Tapas: Literalmente "ardor". La práctica de austeridades espirituales.

Tapasvi: Aquel que realiza penitencias o austeridades espirituales.

Tapovan(am): Ermita o lugar apropiado para la meditación y las austeridades espirituales.

Tattva: Principio.

Upanishads: La parte final de los Vedas que trata sobre la filosofía de la No-dualidad.

Vasana: Tendencias latentes.

Veda: Literalmente, "Conocimiento". Las Escrituras canónicas de los hindúes.

Veda vyasa: Ver Vyasa. Dado que el sabio Vyasa dividió el único Veda en cuatro, también son conocidas las Escrituras bajo el nombre de Veda Vyasa.

Vedanta(m): La filosofía de los Upanishads que declara la Verdad Última como Una e indivisible.

Vedantin: Un seguidor de la filosofía Vedanta.

Vedic dharma: Mandatos sobre cómo actuar correctamente en la vida, tal como prescriben los Vedas.

Vidyavidya svarupini: Aquella naturaleza que es conocimiento e ignorancia, un nombre de la Madre divina.

Vishnu: El que todo lo impregna. El Señor que todo lo sustenta.

Vyasa: Un sabio que dividió el único Veda en cuatro y compuso 18 Puranas, así como el Mahabharata y el Bhagavatam.